Existenzgründung

Tanski/Schreier/Thoma

Existenzgründung

Dr. Joachim Tanski
Andreas Schreier
Steffen Thoma

STS Verlag

Die Deutsche Bibliothek – CIP-Einheitsaufnahme

Tanski, Joachim:
Existenzgründung / Joachim Tanski; Andreas Schreier; Steffen Thoma. -
Planegg : STS Verl., 1999
(STS-TaschenGuides)
ISBN 3-86027-245-4

ISBN 3-86027-245-4
Bestell-Nr. 00680

ein Unternehmen der Haufe Verlagsgruppe
Postanschrift: Postfach 13 63, 82142 Planegg
Hausanschrift: Fraunhoferstraße 5, 82152 Planegg
Fon (0 89) 8 95 17-2 00, Fax (0 89) 8 95 17-2 50
E-Mail: online@haufe.de
Internet: http://www.sts-verlag.de
Lektorat: Dr. Harald Henzler, Gisela Fichtl

Satz + Layout: Design-Typo-Print, 85757 Ismaning
Umschlaggestaltung: Agentur Buttgereit & Heidenreich, 45721 Haltern am See
Druck: J. P. Himmer GmbH, 86167 Augsburg

TaschenGuides – die kleine Bibliothek für effektives Arbeiten

Für alle, die keine Zeit verschwenden wollen, die einen präzisen Einstieg in ein Thema suchen oder ihr Wissen ohne großen Aufwand auffrischen wollen.

Sie sparen Zeit und können das Wissen effizient umsetzen:

Die Gliederung läßt übersichtlich die wichtigsten Themen erkennen.

Die Aussagen sind auf das Wesentliche reduziert.

Auch Querlesern wird durch Zwischenüberschriften und die zweite Farbe ein Einstieg ermöglicht.

Tips und Checklisten bieten das nötige Werkzeug für Ihre Arbeit.

Sie können die TaschenGuides bequem überallhin mitnehmen.

Ohne größeren Aufwand können Sie die TaschenGuides allen Ihren Mitarbeitern geben und erhalten so eine gemeinsame Arbeitsbasis.

Für Anregungen sind wir Ihnen immer dankbar.
Ihr STS Verlag.

Fraunhoferstraße 5 – 82152 Planegg
Fon 0 89/8 95 17-2 22
Fax 0 89/8 95 17-2 90

Inhalt

Vorwort

Sie wollen bald in die Selbständigkeit starten oder planen langfristig, mit Ihrer Geschäftsidee ein eigenes Unternehmen zu gründen? Dann brauchen Sie neben der erforderlichen Fachkenntnis und einer gehörigen Portion Energie auch das Wissen, wie Sie es von vornherein richtig anpacken. Denn es sind immer wieder die gleichen Fallstricke, die junge Unternehmen scheitern lassen.

Dieser TaschenGuide vermittelt Ihnen schnell einen Überblick über die wichtigsten Schritte und klärt Sie über die Chancen und Risiken einer Existenzgründung auf. Sie erfahren, wie Sie Ihre Unternehmung fundiert planen können, wie Sie an das nötige Geld kommen und welche Behördengänge zu erledigen sind. Daneben finden Sie Tips für die Eröffnung Ihres Betriebs und Ihre ersten unternehmerischen Handlungen.

Dieser Leitfaden profitiert von den Erfahrungen erfolgreicher Existenzgründungen in Zusammenarbeit mit der Fachhochschule Brandenburg. Mit ihm wollen wir Ihnen Mut machen, Ihre Ideen in einer eigenen Firma umzusetzen. Wir wünschen Ihnen dazu viel Erfolg.

Joachim Tanski, Andreas Schreier und Steffen Thoma

Die Informationen sammeln

Warum in die berufliche Selbständigkeit?

Es gibt viele gute Gründe, sich selbständig zu machen. Vom Bedürfnis, den unternehmerischen Tatendrang zu befriedigen, über den Wunsch nach einem höheren Einkommen, oder weil man der Frustration im derzeitigen Beruf entkommen und unabhängig sein will.

Typische Gründungsmotive sind:

- eine bestandene Meisterprüfung,
- ein geeigneter Geschäftspartner,
- momentane Arbeitslosigkeit,
- die Entwicklung einer tragenden Geschäftsidee,
- die Entdeckung einer Marktnische,
- günstige Konjunkturaussichten,
- Vermögensbildung,
- Familientradition.

Chancen und Risiken abwägen

Doch eine Existenzgründung will gründlich überlegt und gut vorbereitet sein. Damit sich am Ende auch wirklich der

Erfolg einstellt, müssen Sie die Chancen und Risiken einer Firmengründung sorgfältig gegeneinander abwägen.

Selbständig zu sein bietet zahlreiche Vorteile gegenüber einem abhängigen Beschäftigungsverhältnis.

Die wichtigsten Vorteile einer beruflichen Selbständigkeit sind:

- Sie sind wirtschaftlich unabhängig und haben keine Anweisungen eines Vorgesetzten zu befolgen.
- Ihr Einkommen wird sich erhöhen.
- Sie können sich Ihre Arbeitszeit frei einteilen.
- Sie können Ihre eigenen Ideen verwirklichen und Ihre Kreativität nutzen.
- Sie können steuerliche Vorteile nutzen.
- Sie können Ihre gesammelten Erfahrungen einbringen.

■ *Als Unternehmer genießen Sie eine Reihe von Vorteilen, die Ihnen als Angestellter verwehrt bleiben. Nutzen Sie die Chance der Selbständigkeit!* ■

Die Geschäftsidee ist wesentlich

Bei all Ihren persönlichen Motiven und Vorteilen steht eines immer im Mittelpunkt – die Idee. Jeder Existenzgründer, der bleibenden Erfolg will, benötigt eine durchschlagende Geschäftsidee.

Sollte Ihnen die durchschlagende Idee noch fehlen, gehen Sie offenen Auges durch die Welt: Schauen Sie sich z. B.

beim nächsten Auslandsaufenthalt nach einer geeigneten Idee um, die sich zu kopieren lohnt. Ihre Idee kann auch eine neue Erfindung oder die Weiterentwicklung eines bestehenden Produktes sein. Viele Möglichkeiten für eine erfolgreiche Selbständigkeit bietet auch der Dienstleistungssektor. Natürlich besteht immer die Möglichkeit, sich mit einem traditionellen Betrieb oder mit einer schon vorhandenen Geschäftsidee eine eigene wirtschaftliche Existenz aufzubauen.

Wo liegt der Schlüssel zum Erfolg?

In jedem Fall müssen Sie sich von Ihrer Geschäftsidee wirtschaftlichen Erfolg versprechen, bevor Sie sich mit dem Gedanken tragen, diese Idee mit Hilfe einer Firma zu vermarkten. Dabei sollten Sie immer bedenken: Ihre Geschäftsidee setzt sich auf dem Markt nur dann durch, wenn Sie mit Ihrer Idee bestehende Kundenbedürfnisse befriedigen oder neue Wünsche wecken können.

Erfolgreiche Ideen zeichnen sich dadurch aus, daß sie:

- ihrer Zeit voraus sind,
- Kundenprobleme lösen,
- besser sind als bestehende Angebote.

Ein besseres Angebot können Sie z. B. erreichen durch:

- eine höhere Qualität,
- eine bessere Beratung,
- mehr Freundlichkeit,
- schnellere Lieferzeiten,
- Spezialisierung.

Wollen Sie aus Ihrer Idee auch bald einen finanziellen Nutzen ziehen, wird Ihnen das nur gelingen, wenn Sie an Ihre Idee wirklich glauben. Meist ist es sinnvoller, eine Idee zu verwerfen, die Sie nicht hundertprozentig vertreten.

Wann Sie sich nicht selbständig machen sollten

Eine Unternehmensgründung ist immer mit einem hohen Risiko verbunden und hat ganz andere Dimensionen als nur ein Wechsel der Arbeitsstelle. Prüfen Sie deshalb vorab, ob die Existenzgründung der richtige Weg für Sie ist.

Gehen Sie nicht in die Selbständigkeit, wenn:

- Sie keine Eigenmittel besitzen,
- Sie das Unternehmerrisiko scheuen,
- eine Selbständigkeit durch Ihren momentanen Arbeitsvertrag verboten ist,
- Sie kein Unternehmertyp sind,
- Ihnen die fachlichen Voraussetzungen für eine erfolgreiche Umsetzung Ihrer Idee fehlen.

Ob Sie ein Unternehmertyp mit ausreichendem fachlichen Wissen sind, können Sie mit Hilfe der Checklisten im folgenden Kapitel testen.

Welche Voraussetzungen Sie erfüllen müssen

Bevor Sie sich selbständig machen, sollten Sie testen, ob Sie dieser Herausforderung gewachsen sind. Eine erfolgreiche Existenzgründung hängt auch wesentlich von Ihren persönlichen Eigenschaften und Fähigkeiten ab. Besonders in der Gründungsphase, aber auch in den ersten Jahren Ihrer Existenz, entscheiden Ihre Leistungsbereitschaft und Leistungsfähigkeit über Erfolg und Mißerfolg Ihrer Gründung.

Die persönlichen Eigenschaften, die Sie als Unternehmer mitbringen sollten

Vergewissern Sie sich, daß Sie wirklich von Ihrer eigenen Idee und deren erfolgreichen Umsetzung überzeugt sind. Ein fester Wille und ein starker Glaube an Ihre Fähigkeiten und an den Erfolg sind wichtige Voraussetzungen, um später wirklich erfolgreich zu sein. Prüfen Sie so selbstkritisch wie möglich, ob Sie die in diesem Kapitel gestellten Fragen überwiegend mit einem „Ja" beantworten können.

Die wichtigste Frage vorab:

Wollen und können Sie auf ein sicheres und regelmäßiges Einkommen in den ersten Jahren nach der Gründung Ihres Unternehmens verzichten?

Mit der folgenden Checkliste können Sie nun Ihre persönliche Eignung als Unternehmer testen.

Checkliste: Persönliche Eigenschaften

	Ja	Nein
■ Glauben Sie an Ihren Erfolg?	☐	☐
■ Besitzen Sie Ausdauer, und können Sie Rückschläge verkraften?	☐	☐
■ Können Sie andere von Ihren Ideen überzeugen?	☐	☐
■ Haben Sie ein gesundes Selbstwertgefühl?	☐	☐
■ Erreichen Sie Ihre selbstgesteckten Ziele auch ohne Druck von Vorgesetzten?	☐	☐
■ Sind Sie kompromißfähig, besitzen aber, wenn es darauf ankommt, auch Durchsetzungskraft?	☐	☐
■ Geben Sie eigene Fehler zu und lernen aus diesen?	☐	☐
■ Nehmen Sie auch einmal fremde Hilfe und Ratschläge von anderen an?	☐	☐
■ Sind Sie kontaktfreudig?	☐	☐
■ Können Sie sich in die Probleme anderer hineindenken?	☐	☐
■ Fühlen Sie sich imstande, komplexe Probleme zu lösen?	☐	☐
■ Gehen Sie auch einmal ein kalkulierbares Risiko ein?	☐	☐
■ Sind Sie kreativ?	☐	☐

■ Sind Sie zuverlässig und bereit, Verantwortung zu übernehmen?	☐	☐
■ Sind Sie diszipliniert und können Ihr Verhalten gut steuern?	☐	☐
■ Besitzen Sie Flexibilität und Spontaneität?	☐	☐
■ Fühlen Sie sich körperlich fit und belastbar genug, um den hohen Arbeitseinsatz der ersten Jahre zu verkraften?	☐	☐
■ Halten Sie die Streßsituation auf Dauer auch psychisch aus?	☐	☐

Diese fachlichen Voraussetzungen brauchen Sie

Die Anforderungen, die heute an die Unternehmer gestellt werden, sind sehr hoch, und oft wird Ihnen ein umfangreiches fachliches und kaufmännisches Wissen abverlangt. Eine gute Ausbildung, Berufs- und eine gewisse Lebenserfahrung sind daher sehr hilfreich. Bevor Sie Ihr eigener Chef werden, sammeln Sie daher am besten erst Erfahrungen als Arbeitnehmer. Machen Sie sich mit den Aufgaben vertraut, die Sie später in Ihrem Unternehmen eigenverantwortlich lösen müssen. Achten Sie aber auf sogenannte Konkurrenzklauseln in Ihrem Arbeitsvertrag. Solche Klauseln können Ihnen für eine bestimmte Zeit nach dem Ausscheiden eine Betätigung im gleichen Marktsegment verbieten.

Fragen Sie sich also noch bevor Sie Ihre fachliche Qualifikation prüfen immer:

- Gibt es in Ihrem Arbeitsvertrag Klauseln, die es Ihnen verbieten, sich unmittelbar selbständig zu machen?
- Erfüllen Sie die gesetzlichen Voraussetzungen, um selbständig tätig werden zu können?
  Lesen Sie dazu bitte auch das Kapitel „Welche Anmeldeformalitäten Sie erfüllen müssen".

Auch die folgenden Fragen sollten Sie überwiegend mit „Ja" beantworten können.

Checkliste: Fachliche Voraussetzungen

	Ja	Nein
■ Haben Sie Verkaufstalent, und ist Ihnen die Vertriebsarbeit vertraut?	☐	☐
■ Konnten Sie sich ein Mindestmaß an kaufmännischer Qualifikation aneignen?	☐	☐
■ Verfügen Sie über Führungsqualitäten?	☐	☐
■ Haben Sie sich mit der Entwicklung der Branche, in der Sie sich selbständig machen wollen, auseinandergesetzt?	☐	☐
■ Kennen Sie die neuesten Produkte und Dienstleistungen Ihrer Mitbewerber?	☐	☐

■ Können Sie Ihre Beziehungen zu Kunden, die Sie noch aus Ihren Zeiten als Angestellter kennen, weiter nutzen oder wiederherstellen?	☐	☐
■ Haben Sie Kontakte zu Mitanbietern aus Ihrer Branche und zu ehemaligen Kollegen?	☐	☐

■ *Die wichtigste fachliche Voraussetzung ist der Besitz einer ausreichenden Berufs- und Branchenerfahrung.* ■

Das familiäre Umfeld ist wichtig

Unterschätzen Sie die Bedeutung Ihres familiären Umfelds nicht! In vielen Fällen hat der Ehepartner bzw. Lebensgefährte einen entscheidenden Einfluß auf den unternehmerischen Erfolg. Es erleichtert Ihnen die Arbeit, wenn Sie wissen, daß Ihr privates Umfeld Sie psychisch und vielleicht auch finanziell unterstützt und Sie mit Problemen nicht allein läßt.

Stellen Sie sich bei Ihren Gründungsüberlegungen also auch die folgenden Fragen.

Checkliste: Familiäres Umfeld

	Ja	Nein
■ Ist Ihre Familie zur Unternehmensgründung positiv eingestellt?	☐	☐
■ Können Sie von Ihrem Ehepartner oder Lebenspartner Hilfe erwarten?	☐	☐

■ Kann Ihre Familie und Ihr Freundeskreis lange Arbeitszeiten oft auch am Wochenende akzeptieren?	☐	☐
■ Können Sie auf Urlaub verzichten?	☐	☐
■ Haben Sie zeitliche und finanzielle Verpflichtungen durch Verbands- oder Vereinsarbeit bzw. durch Hobbys?	☐	☐
Können und wollen Sie diese bei Bedarf aufgeben?	☐	☐
■ Kann auf Ihr Einkommen vorübergehend verzichtet werden?	☐	☐
■ Können Sie vom laufenden Einkommen Ihres Lebenspartners den gemeinsamen Lebensunterhalt bestreiten?	☐	☐
■ Verfügen Sie über genügend Vermögensreserven?	☐	☐
■ Besitzen Sie im Notfall Vermögensgegenstände, die Sie veräußern bzw. beleihen können?	☐	☐
■ Können Sie von Freunden oder Verwandten persönliche Darlehen erhalten?	☐	☐

Auch der Geschäftspartner muß zu Ihnen passen

Um das für die Gründung und den Erhalt Ihres Unternehmens notwendige Kapital aufbringen zu können, müssen sich viele Existenzgründer einen Geschäftspartner suchen. Auch die Arbeitsteilung kann ein guter Grund sein, sich mit einem Partner zusammenzuschließen. Denken Sie daran, daß Sie in der Regel alle Entscheidungen gemeinsam treffen. Eine gute Zusammenarbeit und gegenseitiges Vertrauen sind also äußerst wichtig, damit Ihre Geschäftsbeziehung über viele Jahre erfolgreich bestehen bleibt. Beachten Sie bei der Partnerwahl daher folgendes:

Checkliste: Eigenschaften des Geschäftspartners

	Ja	Nein
■ Können Sie miteinander arbeiten?	☐	☐
■ Verstehen Sie sich auch auf menschlicher Ebene gut?	☐	☐
■ Ist auf Ihren Partner auch in Krisensituationen Verlaß?	☐	☐
■ Ergänzen sich Ihre Stärken und Schwächen?	☐	☐
■ Hat Ihr Partner fachliche Kompetenz?	☐	☐
■ Besitzt Ihr Partner gegebenenfalls ausreichendes Kapital?	☐	☐

■ *Die meisten der oben genannten Anforderungen sollten erfüllt sein. Wenn dies in einzelnen Fällen nicht zutrifft, kann eine Existenzgründung trotzdem erfolgreich sein, wenn man dadurch entstehende zusätzliche Risiken im Blick behält.* ■

Was Sie vor der Existenzgründung alles wissen sollten

Wie Sie typische Fehler vermeiden können

Wer um die typischen und folgenschweren Fehler bei Existenzgründungen weiß, ist auch schon auf dem besten Weg, sie zu vermeiden. Eignen Sie sich deshalb rechtzeitig Ihr Wissen über mögliche Probleme und Fehlerquellen an, und nutzen Sie die Erfahrungen von Experten und anderen Selbständigen. Denn immer wieder führen gerade bei Erstgründern vermeidbare Fehler zu kritischen Situationen oder gar zum Scheitern der Unternehmung.

Um Sie vor solchen Gefahren zu schützen, werden im folgenden die häufigsten Fehler und Ursachen für Unternehmenskrisen beschrieben, und Sie erhalten Tips zu ihrer Vermeidung.

Die wichtigsten Fehlerquellen auf einen Blick:

1. Mängel in der Finanzierung führen am häufigsten zum Konkurs von jungen Unternehmen.
2. Auch eine falsche Einschätzung der Marktentwicklung kann Ihre Existenzgründung scheitern lassen.
3. Die falsche Beurteilung des Marktes verleitet oft zur Überschätzung der Betriebsleistung.
4. Mangelnde kaufmännische und unternehmerische Erfahrung können Ihre Unternehmung gefährden.

5 Eine schlechte oder fehlerhafte Planung des Unternehmenskonzeptes kann sich später negativ auswirken.

6 Ein nicht zu unterschätzender Faktor beim Scheitern einer jungen Firma sind Familienprobleme.

7 Mangelnde Kenntnis von Verträgen und Vorschriften kann zu folgenschweren Verpflichtungen oder fatalen Fristenversäumnissen führen.

1 Solide Finanzierung sichern

Ist Ihre Finanzierung nicht solide, können Sie leicht in Zahlungsschwierigkeiten geraten – und das Risiko für Ihre Unternehmung steigt.

Mängel in der Finanzierung entstehen meist durch eine fehlerhafte oder auch nachlässige Finanzplanung. Viele Gründer wählen ein falsches Finanzierungsmodell für Ihre Investitionen aus. Vermeiden Sie es, Ihr Eigenkapital mit zu viel Fremdkapital zu ergänzen. Laufen Ihre Geschäfte schlecht, und können Sie Ihre Raten nicht zurückzahlen, kann es passieren, daß Sie keine weiteren Überbrückungskredite mehr bekommen oder im schlimmsten Fall die Bank Ihre Kredite kündigt. Ein weiterer Tip: Bezahlen Sie Investitionen für das Anlagevermögen nie mit kurzfristigen Krediten, da diese in der Regel besonders teuer sind.

■ *Anschaffungen, die dem Unternehmen längerfristig dienen, sollten Sie nur durch Eigenkapitalanteile oder langfristige Darlehen finanzieren.* ■

Auch eine unzureichende Ermittlung des notwendigen Kapitalbedarfs kann zu Finanzierungsproblemen führen. Unterschätzen Sie die Zeitspanne zwischen der Geldausgabe beim Einkauf der Materialien und der Geldeinnahme bei der Bezahlung durch den Kunden nicht; Sie dürfen nicht damit kalkulieren, daß Ihre Rechnungen immer pünktlich bezahlt werden. Daher sollten Sie die Vorfinanzierung der Aufträge in der Kapitalbedarfsplanung unbedingt berücksichtigen. Häufig fehlt in jungen Unternehmen auch noch ein Mahnwesen, so daß offene Rechnungsbeträge viel zu spät angemahnt werden. Durch den Einsatz eines entsprechenden Softwareprogramms läßt sich dieser Fehler jedoch leicht vermeiden.

■ *Planen Sie Ihren kurzfristigen Kapitalbedarf lieber etwas höher, als er tatsächlich von Ihnen berechnet wurde, und mahnen Sie fällige Rechnungsbeträge regelmäßig an.* ■

2 Die Konkurrenz nicht unterschätzen

Besonders am Anfang ihrer Tätigkeit als Unternehmer wissen viele Gründer noch zu wenig vom Marktgeschehen. So schätzen sie z. B. die Nachfrage nach ihrem Produkt oder ihrer Dienstleistung oft zu hoch ein. Probleme in der Finanzierung sind nicht selten die Folge, da aufgrund überhöhter Absatzerwartungen geplante Umsatzerlöse ausbleiben.

Bedenken Sie auch, daß Ihre Konkurrenz nicht schläft. Man wird Ihr Unternehmen nicht ungehindert auf den Markt lassen. Durch Preissenkungen, durch Sonderangebote und verbesserten Service wird man versuchen, Ihnen den Markteintritt zu erschweren.

Zur Bestimmung realistischer Nachfragemengen sollten Sie vor dem Beginn Ihrer eigentlichen Tätigkeit immer eine Marktanalyse durchführen oder sich Vergleichsdaten von der Industrie- und Handelskammer oder der Handwerkskammer besorgen. Diese werden Ihnen auch Angaben über Ihre zukünftige Konkurrenz geben können.

Überblick über die Situation in Ihrer Branche können Sie sich auch durch die Lektüre von Fachzeitschriften, den Besuch von Fachmessen und durch Kontakte zu ehemaligen Arbeitskollegen verschaffen.

3 Die Betriebsleistung realistisch planen

Die Nichtnutzung von Maschinen, die aufgrund der erwarteten hohen Nachfrage großzügig geplant wurden, verursacht oft hohe Kosten. Gerade in der Anfangszeit können solche Auslastungsprobleme Ihr Unternehmen mit kurzfristig nicht beeinflußbaren Kosten stark belasten.

4 Buchführung und EDV nicht vernachlässigen

Eine exakte und regelmäßige Buchführung von Anfang an lohnt sich. Buchführung ist nicht – wie viele Jungunternehmer meinen – ein Faktor, der nur Zeit und Geld kostet und nichts einbringt. Denn – einmal abgesehen von den Buchführungspflichten, über die Sie im Kapitel „Was Sie fürs Finanzamt tun müssen" informiert werden – erfüllt sie nicht nur für das Finanzamt ihren Zweck: Mit ihrer Hilfe läßt sich Ihr Unternehmen überwachen und steuern, und Sie können eine günstige Kalkulation Ihrer Angebotspreise erreichen.

Haben Sie die Absicht, in Ihrer Firma EDV einzusetzen, so sollten Sie sich vor Beginn Ihrer Tätigkeit mit den Programmen vertraut machen. Mangelhafte EDV-Kenntnisse führen immer wieder zu lästigen Problemen, deren Lösung viel kostbare Zeit in Anspruch nimmt.

■ *Wollen Sie eine falsche Buchführung oder einen fehlerhaften EDV-Einsatz vermeiden, so holen Sie rechtzeitig Rat ein. Besuchen Sie Weiterbildungskurse der IHK oder der Handwerkskammer oder sammeln Sie vor Beginn Ihrer Selbständigkeit kaufmännische Erfahrungen in einer Firma.* ■

Bei Fragen zur Buchführung stehen Ihnen auch Steuerberater, Buchführungsbüros und Beratungsstellen an Hochschulen zur Verfügung. Bei Problemen mit der EDV wird Ihnen sicherlich Ihr EDV-Händler weiterhelfen können.

5 Das Unternehmenskonzept sorgfältig planen

Fehler bei der Planung des Unternehmenskonzepts können sich später negativ auf das Unternehmen auswirken. Die nachfolgenden Kapitel geben Ihnen Strategien für ein fundiertes Unternehmenskonzept an die Hand, die Sie unbedingt beachten sollten.

Typische Fehlentscheidungen bei der Unternehmensplanung sind:

- Die Auswahl der falschen Betriebsstätte.
- Fehleinschätzung von Standort und Größe des Unternehmens.

  Lesen Sie hierzu auch das Kapitel „Wie Sie den richtigen Standort wählen“.

- Die Auswahl der falschen Marketingstrategie.
  Durch geschickt eingesetztes Marketing können Sie sich von Ihren Mitarbeitern absetzen und Kunden gewinnen. Informationen hierzu finden Sie im Kapitel „Wie Sie Ihr Unternehmen bekannt machen".

- Die Auswahl der falschen Organisationsstruktur.
  Sie können nicht alles allein bewältigen. Übertragen Sie Verwaltungsaufgaben an geeignete Mitarbeiter.

- Die Auswahl der falschen Arbeitskräfte.
  Legen Sie in Ihrem Unternehmenskonzept ein genaues Anforderungsprofil für Ihre zukünftigen Mitarbeiter fest, und prüfen Sie, ob die Bewerber Ihren Anforderungen entsprechen.

- Die Auswahl der falschen Rechtsform.
  Lassen Sie sich bei der Rechtsformwahl nicht nur von Haftungsbeschränkung und vermeintlichen Steuervorteilen leiten.
  Weitere wichtige Auswahlkriterien für Ihre optimale Rechtsform finden Sie im Kapitel „Was Sie bei der Wahl der Rechtsform beachten sollten".

Um diese Fehler bei der Planung zu verhindern, sollten Sie Ihre Planungsüberlegungen immer schriftlich festhalten und auf ihre Realisierbarkeit hin überprüfen.

6 Sichern Sie sich die Unterstützung Ihrer Familie

Auch wenn Sie von Ihrer Familie und Ihren Freunden zu Beginn der Selbständigkeit voll unterstützt wurden, die Begeisterung kann schnell verpuffen, wenn erst einmal Probleme auftreten und der Streß immer größer wird. Der Gründer steht dann häufig vor dem Problem, sich für die Familie oder das Unternehmen entscheiden zu müssen.

Bereiten Sie Ihre Familie deshalb schon im Vorfeld auf mögliche Schwierigkeiten vor. Vergessen Sie nicht, daß auch Ihre Familie und Ihre Freunde den anfänglichen Belastungen gewachsen sein müssen.

7 Vorschriften beachten – Verträge gründlich lesen

Leichtfertiges Abschließen von Verträgen, Vorschriften, die nicht eingehalten werden, oder versäumte Fristen sind typische und oft folgenschwere Fehler für junge Unternehmen. Lassen Sie sich vor der Gründung beraten, und holen Sie sich möglichst viele Informationen.

- Achten Sie auf die richtige Gestaltung der Miet-, Kauf-, Gesellschafts- und Arbeitsverträge.
  Hierbei hilft Ihnen ein Rechtsanwalt oder Notar.
- Prüfen Sie, ob die Gründungsformalitäten auch vollständig erfüllt sind.
  Gehen Sie hierfür nach den Listen im Kapitel „Welche Anmeldeformalitäten Sie erfüllen müssen" vor.
- Schließen Sie einen optimalen Versicherungsvertrag ab.

Wie Sie sich gegen Risiken absichern können

Wie im privaten Bereich, so gibt es auch im betrieblichen Bereich einige nicht kalkulierbare Risiken, die zu einem Vermögens- und Einkommensverlust bzw. zu einer Einschränkung Ihrer Gesundheit führen können.

Zur Reduzierung dieser Risiken gehört daher auch ein ausreichender Versicherungsschutz.

Bedenken Sie, daß Sie zum Abschluß von einigen Versicherungen auch gesetzlich verpflichtet sind (z. B. die Kfz-Haftpflichtversicherung und in vielen Fällen auch die Produkthaftpflicht).

Bevor Sie sich Angebote von Versicherungsgesellschaften einholen, ist es ratsam, Ihre persönlichen und betrieblichen Risiken zu analysieren. So können Sie gezielter Informationen einholen.

Prüfen Sie daher, welche der folgenden Versicherungen Sie für Ihr Unternehmen abschließen sollten:

1. Betriebshaftpflichtversicherung
2. Rechtsschutzversicherung
3. Feuer- und Sturmversicherung
4. Berufsunfähigkeitsversicherung
5. Betriebsunterbrechungsversicherung

1 Die Betriebshaftpflichtversicherung

Als Unternehmer haften Sie für alle Personen-, Sach- und Vermögensschäden, die von Ihrem Unternehmen verursacht werden. Zur Minderung dieses Haftungsrisikos ist der Abschluß einer Betriebshaftpflichtversicherung ratsam. Denn diese Versicherung regelt alle Schäden, die von Ihnen als Unternehmer oder von Ihren Mitarbeitern während der Arbeit verursacht werden.

2 Die Rechtsschutzversicherung

Eine Rechtsschutzversicherung übernimmt alle Kosten, die Ihnen bei eventuellen Rechtsstreitigkeiten entstehen können (wie Rechtsanwaltsgebühren oder Gerichtskosten).

3 Die Feuer- und Sturmversicherung

Eine Feuerversicherung benötigen Sie, um sich vor Brand-, Blitzschlag- und Explosionsschäden abzusichern.

Schäden, die durch einen Sturm (mindestens Windstärke acht) bzw. Hagel und deren Folgen entstehen, werden durch eine Sturmversicherung abgedeckt.

4 Die Berufsunfähigkeitsversicherung

Können Sie durch eine schwere Krankheit oder einen Unfall Ihre Tätigkeit als Unternehmer dauerhaft nicht mehr ausüben, so erhalten Sie aus der Berufsunfähigkeitsversicherung eine zusätzliche Rente.

5 Die Betriebsunterbrechungsversicherung

Führt ein Sachschaden (z. B. durch Feuer oder Diebstahl) zu einer Betriebsunterbrechung, so werden die weiterhin anfallenden Kosten, wie z. B. Löhne, Mieten oder Kreditzinsen und ggf. auch der entgangene Gewinn durch die Betriebsunterbrechungsversicherung getragen.

■ *Sie können sich nicht gegen alle unvorhersehbaren Gefahren absichern. Dies wäre einerseits zu teuer, andererseits praktisch nicht durchführbar. Sie sollten daher nur jene Risiken absichern, die Ihnen die Fortführung des Unternehmens unmöglich machen könnten.* ■

Wie Sie an Informationen kommen und wer Sie berät

Beratung lohnt sich

Lassen Sie sich von den vielen Fehlern, die Sie als Jungunternehmer begehen können, nicht schrecken. Die meisten Fehler lassen sich vermeiden, wenn Sie sich rechtzeitig informieren. Eine gute Beratung spart viel Geld und macht Sie souveräner in Ihren Entscheidungen.

> ■ *Eine verspätete Beratung kann Ihrer Firma unter Umständen sogar die Existenz kosten.* ■

Scheuen Sie sich also nicht, professionelle Hilfe anzunehmen. Profitieren Sie von den langjährigen Erfahrungen der Berater. Dies gilt auch für die ersten Jahre nach der Gründung. Ein unabhängiger Berater sieht Chancen und Probleme objektiver und kann Sie besser vor Schwierigkeiten warnen. Er hilft Ihnen bei problematischen Entscheidungen, deren Bedeutung Sie vielleicht noch nicht abschätzen können.

Denken Sie aber daran: Eine Beratung führt nur dann zum Erfolg, wenn Sie bereit sind,

- offen über alle Probleme zu reden,
- dem Berater die notwendigen Unterlagen und Daten auszuhändigen und
- das erarbeitete Konzept in Ihrer Firma auch umzusetzen.

> ■ *Ein seriöser Fachmann wird Ihre Angaben vertraulich behandeln und Ihnen vor Beratungsbeginn einen Überblick über die möglicherweise anfallenden Kosten geben.* ■

Hier erhalten Sie Informationen

- in den Beratungsstellen an Hochschulen,
- bei den Berufsgenossenschaften,
- beim Bundesministerium für Wirtschaft,
- bei den Bürgschaftsbanken der Länder,
- bei der Deutschen Ausgleichsbank,
- bei den einzelnen Fachverbänden und Vereinigungen,
- beim Finanzamt,
- beim Gewerbeamt Ihres Orts,
- bei der für Sie zuständigen Handwerkskammer,
- bei der Industrie- und Handelskammer Ihres Bezirkes,
- bei den Investitionsbanken der einzelnen Bundesländer,
- bei den Krankenkassen,
- bei der Kreditanstalt für Wiederaufbau,
- in den einzelnen Kreditinstituten,
- bei Notaren und Rechtsanwälten,
- bei Steuerberatern,
- in den Technologie- und Gründerzentren,
- bei den freien Unternehmensberatern,
- bei den einzelnen Versicherungsunternehmen.

Was kostet die Beratung?

So viele verschiedene Berater es gibt, so unterschiedlich sind auch die Kosten der Beratung. Die Kostenhöhe ist oft abhängig vom Umfang des Beratungsbedarfs, von der Dauer der Beratung und der Komplexität der Aufgabe, die an den Berater gestellt wird.

Eine Beratung muß aber nicht teuer sein. Besonders die Industrie- und Handelskammern, die Handwerkskammern, die Technologie- und Beratungsstellen der Hochschulen sowie die Technologie- und Gründerzentren bieten kostenlos bzw. gegen eine geringe Teilnahmegebühr Schulungen und Informationsveranstaltungen an. Diese dienen meist der allgemeinen Orientierung und sind der erste Schritt in Richtung einer erfolgreichen Existenzgründung.

Je weiter Sie auf Ihrem Gründerweg voranschreiten, um so größer wird auch Ihr Beratungsbedarf werden.

Verzichten Sie nicht aus Angst vor hohen Beraterkosten auf eine persönliche Beratung. Denn für Beratungen, die gegen Entgelt vor einer Gründung in Anspruch genommen werden, gibt es verschiedene Förderprogramme von Bund und Ländern. Auch wenn Sie diese Beratungskosten vor Antragstellung der Fördermittel zunächst selbst bezahlen müssen, so erhalten Sie doch später einen Teil als öffentlichen Zuschuß zurück. Also lassen Sie sich beraten!

▪ *Die Voraussetzungen für die Inanspruchnahme und die Konditionen der Förderprogramme erfahren Sie beim Bundesamt für Wirtschaft in Eschborn. (Die genaue Anschrift und weitere wichtige Beratungsstellen finden Sie im Anhang.)* ▪

Das Konzept erstellen

Wie Sie den Unternehmensplan erstellen

Die Vorüberlegungen sind erledigt. Jetzt ist es an der Zeit, Ihre Ideen zu einem aussagefähigen Unternehmenskonzept zu entwickeln, das klar, überzeugend und realistisch ist. Sie müssen also planen.

Wie Sie dabei am besten vorgehen, erfahren Sie in den folgenden Abschnitten, die Sie unbedingt lesen sollten. Denn die hier erläuterten Methoden brauchen Sie nicht nur beim Zusammenführen der einzelnen Pläne, Sie wissen so auch gleich, worauf Sie beim Erstellen der Einzelpläne achten müssen.

Darüber hinaus werden am Schluß des Kapitels kurz Alternativen zur Neugründung angesprochen.

Wozu Sie einen Unternehmensplan brauchen

Als Existenzgründer müssen Sie einen ganzen Katalog von Kriterien beachten, über die man schnell den Überblick verlieren kann. Allein dafür ist eine Planung äußerst hilfreich. Eine richtige Unternehmensplanung ist unerläßlich:

- um die optimale Gestaltung Ihres Unternehmens zu finden,

- um existenzgefährdende Fehler zu erkennen und zu vermeiden,
- als Argumentationsbasis bei Kreditverhandlungen mit Ihrer Bank,
- als Leitlinie bei der Umsetzung Ihrer Geschäftsidee,
- als Vergleichswert bei der Kontrolle des Fortschritts Ihrer Unternehmensgründung; auf diese Weise werden Sie Probleme rechtzeitig erkennen.

Der Unternehmensplan macht nur Sinn, wenn er in sich schlüssig ist. Dies wird nur dann der Fall sein, wenn Sie bereits beim Erstellen der Teilpläne auf die bestehenden Wechselwirkungen zu den anderen Plänen achten.

Wie gehen Sie vor?

Grundsätzlich kann die Planung in drei Stufen zerlegt werden:

1. Informationssammlung (Zielbildung)
2. Ausarbeitung verschiedener Handlungsmöglichkeiten
3. Entscheidung

In der Praxis lassen sich die letzten beiden Stufen häufig nicht voneinander trennen.

1 Die Informationen einholen

Den Kern Ihres Unternehmensplans bildet Ihre Geschäftsidee. Sie muß schlüssig und überzeugend sein, da sie die Basis für alle Ihre folgenden Planungen ist. Sie benötigen eine ganze Reihe von Informationen, um Ihre Idee verwirklichen zu können und sich nicht in ein unkalkulierbares finanzielles Abenteuer zu stürzen. Durchdenken Sie Ihre Idee daher sehr genau. Falls Ihre Vorstellungen noch mehr oder weniger vage sind, sollen Ihnen die folgenden Punkte als Unterstützung zur Entwicklung Ihrer Geschäftsidee dienen:

- Gibt es Marktlücken, die Sie nutzen können?
- Können Sie am Markt bereits erfolgreiche Konzepte kopieren?
- Können Sie sich durch Spezialisierung von der Konkurrenz abheben?
- Können Sie neue Technologien nutzen?
- Gibt es neue Trends, die Sie für Ihre Geschäftsidee nutzen können?

Sie sollten sich über Ihre Geschäftsidee so weit im klaren sein, daß Sie konkrete Vorstellungen über Art und Umfang Ihres Angebots haben, bevor Sie an die nächsten Schritte der Planung gehen.

Viele Gründer neigen dazu, ihre Ziele nicht zu konkretisieren, um so „flexibel" auf Veränderungen reagieren zu können. Das ist grundsätzlich falsch, denn nur wenn Sie eine genau festgelegte Zielsetzung haben, sind Sie in der Lage, geeignete Maßnahmen zur Umsetzung zu finden und sich gegebenenfalls auch auf eine veränderte Situation einzustellen.

2 Wie Sie verschiedene Handlungsmöglichkeiten erarbeiten

Erst wenn Sie konkrete Vorstellungen Ihrer Ziele haben, können Sie auch systematisch planen. Legen Sie die Konzeption in aller Konsequenz für alle Bereiche des Unternehmens fest. So treten Schwachstellen schon im Vorfeld in Erscheinung, die Folgen verschiedener Handlungsweisen werden sichtbar, und es zeigt sich, ob das Unternehmen auf Dauer eine Überlebenschance hat. Am wichtigsten ist in dieser Phase die mittel- und langfristige Planung. Dazu haben Sie jetzt den größten Spielraum, da Sie noch nicht durch gegebene Strukturen in Ihren Handlungsmöglichkeiten eingeschränkt sind.

■ *Mit der Entscheidung über den Aufbau des Unternehmens legen Sie den Grundstein für Ihren zukünftigen Handlungsspielraum. Nutzen Sie also die einmalige Chance, bevor Sie in der Betriebsamkeit des täglichen Geschäfts stecken.* ■

Damit Sie die Übersicht über die vielen gesammelten Daten bewahren, erstellen Sie verschiedene Teilpläne, die zu einem Gesamtplan zusammengeführt werden. Achten Sie darauf, daß Sie sich beim Erstellen der Teilpläne nicht zu sehr in Details verlieren. Behalten Sie statt dessen lieber die Wechselwirkungen der einzelnen Teilpläne untereinander im Auge. Konzentrieren Sie sich auf die Daten, die für die Unternehmung von Bedeutung sind. Welche Daten dies im einzelnen sind, finden Sie in den entsprechenden Kapiteln zu den Teilplänen.

Ein besonderes Problem der Gründungsplanung besteht darin, daß Sie in der Regel keine konkreten Daten aus der

Vergangenheit zur Verfügung haben. Damit Sie dennoch Handlungsalternativen entwickeln können, sollten Sie sich daher nicht scheuen, Fachleute zu Rate zu ziehen. Versehen Sie Ihre Pläne so oft es geht mit Zeitangaben. Dies dient Ihnen gleichzeitig als Kontrollmöglichkeit und als Checkliste zur Sicherstellung eines geordneten (planmäßigen) Ablaufs. Entsprechende Beispiele finden Sie in den folgenden Kapiteln.

3 Wie entscheiden Sie sich?

Da Sie meist mehrere Handlungsalternativen haben, müssen Sie sich für die beste Möglichkeit entscheiden, die Sie dann als Plan festlegen können. Achten Sie aber immer auf das Zusammenspiel der verschiedenen Pläne, da es sonst zu Unstimmigkeiten im Gesamtplan kommen kann.

Doch welche Möglichkeit ist die beste? Meist gibt es sehr viele verschiedene Einflußfaktoren, und die einzelnen Möglichkeiten bieten sowohl Vor- als auch Nachteile. Eine effiziente Methode, hier dennoch zur besten Lösung zu gelangen, besteht darin, eine Entscheidungsmatrix zu verwenden. Wie eine Entscheidungsmatrix funktioniert, wird im folgenden am Beispiel der Standortwahl erläutert.

Wie Sie mit einer Entscheidungsmatrix arbeiten

1. Erstellen Sie eine Tabelle, in die Sie alle zu bewertenden Kriterien eintragen (erste Spalte) und mit einem „Gewichtungsfaktor" versehen (zweite Spalte). Überlegen Sie, *welche* Kriterien für Ihr Unternehmen *wie* wichtig sind.

Bewerten Sie sie auf einer Skala, so daß die wichtigsten Kriterien die höchsten und die unwichtigsten Kriterien die niedrigsten Werte erhalten (im Beispiel Werte von eins bis zehn).

2 In die Spalten tragen Sie nun die zu vergleichenden Alternativen ein, die Sie mit Punkten bewerten, je nachdem wie gut sie die Anforderungen erfüllen. Je besser die Anforderungen erfüllt sind, desto höher ist die Punktzahl, die Sie eintragen müssen (im Beispiel von eins bis fünf).

3 Jetzt multiplizieren Sie jeweils die Bewertungspunkte der verschiedenen Alternativen mit den Gewichtungsfaktoren der einzelnen Anforderungskriterien. Sie erhalten so pro Alternative für jedes Bewertungskriterium eine Punktzahl.

4 Bilden Sie nun die Gesamtpunktzahl für die einzelnen Alternativen aus der Summe der Punktzahlen aller Kriterien. Dies geschieht, indem Sie die Werte der Spalte „Punkte" addieren. So erhalten Sie für jede Alternative einen Wert.

5 Vergleichen Sie nun die Werte. Je höher der Wert ist, desto besser ist die Alternative.

Beispiel

Dieses Beispiel zeigt, wie man eine solche Entscheidungsmatrix zur Wahl des richtigen Standorts einsetzen kann. Die Bewertung der Gewichtungsfaktoren erfolgt von eins (= bedeutungslos) bis zehn (= sehr wichtig) und die Punktebewertung erfolgt von eins (= sehr schlecht) bis fünf (= sehr gut). Die Alternativen sind hier als Standort A und B bezeichnet.

Entscheidungsmatrix Standortwahl

Kriterien		Standort A		Standort B	
	Gewichtung	Bewertung	Punkte	Bewertung	Punkte
Kunden	10	3	30	5	50
Konkurrenz	8	4	32	3	24
Verkehrslage	6	3	18	3	18
Material	7	5	35	3	21
Fördergelder	1	1	1	4	4
Grundstückspreis	3	4	12	2	6
Personal	3	4	12	3	9
Kooperation	5	1	5	4	20
Summe der Punkte			145		152

Gemäß den Berechnungen in der Tabelle ist also der Standort B der bessere.

Welche Alternativen es zur Neugründung gibt

Eine Neugründung ist nicht der einzige Weg zum eigenen Unternehmen. Prüfen Sie die verschiedenen Möglichkeiten, wie zum Beispiel eine Übernahme, eine Beteiligung oder ein Franchising. Im folgenden finden Sie die jeweils wichtigsten Gesichtspunkte dazu.

Die Übernahme – ein Unternehmen kaufen

Nie zuvor waren die Chancen für die Übernahme eines profitablen Unternehmens günstiger als heute. Besonders viele Gelegenheiten tun sich im Handwerksbereich auf. Dabei gibt es eine Reihe von Möglichkeiten der Finanzierung, so daß Sie eine Übernahme nicht von vornherein wegen der Kosten ausschließen sollten. Als ein Beispiel sei hier die Übernahme durch Rentenzahlung genannt.

Ein Firmenkauf kann Ihnen folgende Vorteile bieten:

- die Nutzung des vorhandenen Kundenstamms,
- der bestehende gute Kontakt zu Zulieferern,
- ein bestehendes Produktprogramm und
- der Wegfall der Anlaufkosten.

Mögliche Nachteile können dagegen sein:

- ein hoher Kaufpreis,
- ein veralteter Maschinenpark und daraus folgende hohe Finanzierungskosten,
- die Kontakte zu Kunden und Lieferanten wurden ausschließlich vom ehemaligen Besitzer gepflegt.

Besonderen Wert sollten Sie auf die Vertragsgestaltung sowie auf die Ermittlung des Kaufpreises legen. Diese Fragen klären Sie am besten zusammen mit einem neutralen Berater.

Die Beteiligung – in ein Unternehmen einsteigen

Für die Beteiligung gelten grundsätzlich die gleichen Aussagen wie für eine Übernahme. Hinzu kommt aber, daß Sie hier mit einem Partner zusammenarbeiten. Beachten Sie daher die im Kapitel „Welche Voraussetzungen Sie erfüllen müssen" beschriebenen Faktoren. Das Ausmaß Ihrer Einflußmöglichkeit innerhalb des Unternehmens läßt sich in weiten Grenzen verhandeln und vertraglich regeln.

Das Franchising

Beim Franchising vertreiben Sie (der Franchise-Nehmer) als selbständiger Unternehmer mit eigenem Kapitaleinsatz Waren und Dienstleistungen eines Franchise-Gebers unter einem einheitlichen Marketingkonzept. In Deutschland bieten mehr als 600 Franchise-Geber quer durch alle Branchen ihre Konzepte an. Als Beispiele seien allkauf und Portas genannt. Das Franchising ist eine interessante Alternative, die eine Reihe von Vorteilen besitzt. Sie starten mit einer bekannten Marke und müssen sich nicht um Produktentwicklung, Werbung und Logistik kümmern. Sie profitieren von den technischen und kaufmännischen Erfahrungen sowie vom Marketingkonzept des Franchise-Gebers und haben so im allgemeinen Ihr spezifisches Fachwissen viel früher erworben als bei unbegleiteter Gründung. Der Nachteil besteht in einer Beschränkung Ihrer unternehmerischen Freiheiten. Auch gibt es beim Franchising so manches schwarze Schaf. Daher sollten Sie das Konzept und die Verträge genau prüfen. Hierbei helfen Ihnen neben den bereits erwähnten Beratern auch der „Schutzverein der Franchise-Nehmer und Lizenzträger e. V." in Frankfurt.

▪ *Unterschätzen Sie auch beim Franchising nicht den Bedarf an Eigenmitteln für Ihren Einstieg und zur Überbrückung von anfänglichen finanziellen Engpässen.* ▪

Was Sie bei der Wahl der Rechtsform beachten sollten

Was beeinflußt Ihre Entscheidung?

Wie im vorangegangenen Kapitel erläutert, gilt es für Sie, zuerst die Entscheidungskriterien aufzustellen und zu gewichten. Dies ist nicht einfach, da die Rechtsformwahl eine langfristige Entscheidung mit steuerlichen, wirtschaftlichen und rechtlichen Auswirkungen ist. Es wird aufgrund der vielen – teilweise gegenläufigen – Einflußfaktoren nicht möglich sein, eine ideale Lösung zu finden, denn jede Rechtsform wird an irgend einem Punkt auch Nachteile mit sich bringen. Die Einflußfaktoren sind von Gründung zu Gründung verschieden, folgende Kriterien sind jedoch in den meisten Fällen von Bedeutung:

- Haftung
- Leitungsbefugnis
- Gewinn- und Verlustbeteiligung
- Finanzierungsmöglichkeiten
- Steuerbelastung
- externe Rechnungslegung
- Möglichkeit zur Vertragsänderung

- Mitbestimmung der Arbeitnehmer
- Gründungskosten (Aufwendungen für die Rechtsform)
- Name des Unternehmens (Firma)

Haftung

Grundsätzlich besteht eine unbeschränkte gesamtschuldnerische Haftung nur bei Einzelkaufleuten und Personengesellschaften. Dies heißt, daß bei diesen Rechtsformen jeder Gesellschafter mit seinem gesamten Privatvermögen haftet. Da aber in der Praxis Kredite an kleinere Kapitalgesellschaften nur gegen Absicherungen durch das Privatvermögen der Gesellschafter gewährt werden, dehnt sich häufig auch bei Kapitalgesellschaften die Haftung auf das Privatvermögen des Gesellschafters aus.

Leitungsbefugnis

Je nach Rechtsform sind Sie mehr oder weniger stark an der Unternehmensführung beteiligt. So sind Sie bei den Personengesellschaften regelmäßig in die Führung des Unternehmens eingebunden, während Sie bei Kapitalgesellschaften die Führung auf Geschäftsführer übertragen können. Es kommt bei der Entscheidung auch darauf an, welche Kontrollmöglichkeiten Sie brauchen und welchen Einfluß Sie gegenüber Ihren Mitgesellschaftern und der Gesellschaft ausüben wollen.

Gewinn- und Verlustbeteiligung

Der Gesetzgeber hat für die einzelnen Rechtsformen unterschiedliche Regelungen getroffen. Je nach Rechtsform trägt der Inhaber Gewinne und Verluste. Die Gewinne können sich auch nach der Kapitaleinlage oder den Geschäftsanteilen richten. Häufig gibt es gesetzliche Regelungen, die Sie durch eine entsprechende Vertragsgestaltung Ihren Bedürfnissen anpassen können.

Finanzierungsmöglichkeiten

Für die Kreditaufnahme ist die Rechtsform meist nachrangig, da auch bei kleinen Kapitalgesellschaften die Sicherung der Kredite durch das Privatvermögen der Gesellschafter erfolgt.

Steuerbelastung

Die aus der Rechtsformwahl resultierende Steuerbelastung spielt eine wesentliche Rolle und stellt in der Regel ein wichtiges Entscheidungskriterium dar. Sie sollten sich unbedingt die Zeit nehmen und mit Ihrem Steuerberater – gegebenenfalls an Hand von Beispielrechnungen – die günstigsten Lösungen herausfinden.

Externe Rechnungslegung

Die gesetzlichen Anforderungen sind sehr verschieden und zum Teil auch von der Größe des Unternehmens abhängig. Generell läßt sich jedoch sagen, daß Kapitalgesellschaften größeren Auflagen unterliegen. Neben der oft unerwünschten Weitergabe von Unternehmensinformationen sollten Sie auch hier die damit verbundenen Kosten beachten.

Vertragsänderungsmöglichkeiten

Die Möglichkeit der Änderung der Gesellschaftsverträge ist bei den einzelnen Rechtsformen an unterschiedliche Bedingungen geknüpft. Darüber hinaus haben Sie auch hier die Möglichkeit, durch eine individuelle Vertragsgestaltung in weiten Grenzen Einfluß zu nehmen. Denken Sie hierbei auch an die unterschiedlichen, rechtsformabhängigen Aufwendungen (z. B. Eintragung ins Handelsregister).

Mitbestimmung der Arbeitnehmer

Neben der rechtsformunabhängigen Mitbestimmung durch die Arbeitnehmer gibt es auch noch rechtsformabhängige Rechte der Arbeitnehmer zur Mitbestimmung. Die Mitbestimmung der Arbeitnehmer orientiert sich an der Größe des Unternehmens; das Mitbestimmungsrecht beginnt in der einfachsten Form bei einer Unternehmensgröße von fünf Mitarbeitern.

Gründungskosten (Aufwendungen für die Rechtsform)

Hierzu gehören nicht nur Stamm- oder Grundkapital der GmbH oder der Aktiengesellschaft. Es sind auch die Kosten für die Eintragung ins Register und andere Aufwendungen zu beachten.

Der Name Ihres Unternehmens (die Firma)

Bei der Wahl des Unternehmensnamens müssen Sie einige gesetzliche Auflagen beachten. So muß der Name bei allen Rechtsformen Unterscheidungskraft besitzen und darf nicht geeignet sein, über die geschäftlichen Verhältnisse des Unternehmens irrezuführen. Sie sind deshalb unter anderem verpflichtet, die Bezeichnung der Rechtsform im Unternehmensnamen zu führen.

Berücksichtigen Sie bei Ihrer Rechtsformwahl gegebenenfalls gesetzliche Auflagen. Informationen dazu erhalten Sie bei den entsprechenden Berufsverbänden, Gewerbeämtern oder bei den Kammern.

Welche Rechtsformen stehen zur Verfügung?

Im folgenden finden Sie die wichtigsten Rechtsformen mit jeweils kurzen Beschreibungen. Sie haben die Möglichkeit, die Rechtsform innerhalb der gesetzlichen Grenzen Ihren Bedürfnissen anzupassen. Auch die Bildung von Mischformen ist möglich, so daß sich Ihnen ein weites Feld zur Gestaltung bietet. Die wichtigsten Rechtsformen sind:

- Kleinunternehmer/Einzelkaufmann (e. K.)
- Gesellschaft des bürgerlichen Rechts (GbR)
- Partnerschaftsgesellschaft (PartnG)
- Offene Handelsgesellschaft (OHG)
- Kommanditgesellschaft (KG)
- Gesellschaft mit beschränkter Haftung (GmbH)
- Stille Gesellschaft
- Europäische wirtschaftliche Interessenvereinigung (EWIV)

Der Kleinunternehmer und der Einzelkaufmann (e. K.)

Wenn Sie keine andere Rechtsform wählen, sind Sie, sobald Sie Ihr Geschäft eröffnen, automatisch zunächst ein Kleinunternehmer. Bei dieser Rechtsform bestehen keine Anforderungen an die Höhe Ihres Startkapitals, Sie haben volle Handlungsfreiheit, unterliegen nicht der Buchführungspflicht, aber Sie haften mit Ihrem Privatvermögen. Ihre Finanzierungsmöglichkeiten beschränken sich auf die Aufnahme von Krediten, deren Höhe vom Wert Ihrer persönlichen Sicherheiten bestimmt wird. Die Gewinne unterliegen der Einkommensteuer und gegebenenfalls der Gewerbesteuer. Geschäfte dürfen Sie nur unter Ihrem Namen abschließen, das heißt, Sie können sich keine Firmenbezeichnung zulegen.

Unter dieser einfachen Rechtsform dürfen Sie Ihr Unternehmen nur führen, solange Sie gewisse Grenzen bei Umsatz, Gewinn, Betriebsvermögen oder Mitarbeiterzahl nicht überschreiten. Sobald dies der Fall ist, sind Sie verpflichtet, Ihr Unternehmen als Einzelkaufmann zu führen.

Beim Einzelkaufmann gelten die gleichen Aussagen, die beim Kleinunternehmer getroffen wurden. Jedoch unterliegen Sie jetzt den gesetzlichen Regelungen des Handelsrechts. Das hat unter anderem den Eintrag ins Handelsregister als „eingetragener Kaufmann (e. K.)" zur Folge. Außerdem sind Sie jetzt auch buchführungspflichtig, und Sie müssen bestimmte Offenlegungsvorschriften beachten. Dafür haben Sie jetzt das Recht, sich eine Firmenbezeichnung zuzulegen.

Die Gesellschaft des bürgerlichen Rechts (GbR)

Diese Form der Partnerschaft steht Ihnen grundsätzlich immer zur Verfügung, sofern das Gesetz nicht etwas anderes vorschreibt. Auch bei der GbR haften Sie, wie Ihre Partner, mit Ihrem gesamten Privatvermögen. Sie haben zusammen mit Ihren Partnern die volle Handlungsfreiheit und sind nicht zur Buchführung verpflichtet. Zur Gründung bedarf es keiner besonderen Formalitäten, so daß dazu schon eine mündliche Vereinbarung genügt.

Die Rechte und Pflichten der einzelnen Partner lassen sich durch die Gesellschaftsverträge festlegen, so daß sich zum Beispiel auch die Geschäftsführungs- und Vertretungsbefugnisse bestimmter Gesellschafter einschränken lassen. Ist im Vertrag nichts festgelegt, erfolgt die Gewinn- und Verlustbeteiligung nach Köpfen. Eine GbR ist nicht berechtigt, eine Firmenbezeichnung zu führen.

▪ *Regeln Sie die Gewinn- und Verlustbeteiligung bei einer GbR unbedingt im Gesellschaftsvertrag. Wenn nichts vereinbart ist erfolgt die Beteiligung nach Köpfen.* ▪

Die Partnerschaftsgesellschaft (PartnG)

Sie ist eine neue Rechtsform für Angehörige der freien Berufe (das sind z. B. Journalisten, Anwälte, Ärzte usw.). Die Partnerschaftsgesellschaft ist eintragungspflichtig. Der Eintrag erfolgt aber nicht ins Handelsregister, sondern in das Partnerschaftsregister beim Amtsgericht.

Die Partnerschaftsgesellschaft hat viel mit der OHG gemeinsam. So richtet sich das Rechtsverhältnis zu Ihren Partnern nach den entsprechenden Vorschriften der OHG, wenn von Ihnen vertraglich nichts anderes festgelegt ist. Bei Verbindlichkeiten haften Sie – außer mit dem Gesellschaftsvermögen – auch mit Ihrem Privatvermögen.

▪ *Die Haftung läßt sich dann ausschließen, wenn die Gesellschafter für Schäden wegen fehlerhafter Berufsausübung in Anspruch genommen werden. In diesem Fall können Sie nämlich die Haftung auf denjenigen Gesellschafter beschränken, der den Fehler begangen hat.* ▪

Die Vertretung der Gesellschaft kann durch jeden Gesellschafter allein erfolgen. Dies kann man jedoch vertraglich ausschließen. Der Partnerschaftsvertrag bedarf der Schriftform und muß einige Angaben enthalten. Zur Gewinnverteilung gibt es keine Vorschriften. Der Name der Partnerschaft muß den Namen mindestens eines Partners, den Zusatz „und Partner" oder „Partnerschaft" sowie die Berufsbezeichnungen aller in der Partnerschaft vertretenen Berufe enthalten.

Die offene Handelsgesellschaft (OHG)

Die Gründung einer OHG ist ohne größeren Aufwand durchführbar. Sie brauchen dazu nur einen Gesellschaftsvertrag (auch mündlich) und den Eintrag ins Handelsregister. Wenn einer der Gesellschafter ein Grundstück einbringt, muß der Vertrag zusätzlich von einem Notar beurkundet werden. Der Eintrag ins Handelsregister sowie die Notargebühren erhöhen die Gründungskosten und den Gründungsaufwand gegenüber der Gründung einer GbR. Ein Mindestkapital zur Gründung einer OHG ist nicht vorgeschrieben. Bei der OHG haften Sie mit Ihrem gesamten Vermögen. Alle Gesellschafter sind alleinvertretungsberechtigt. Eine Änderung dieser Regelung ist möglich, muß aber ins Handelsregister eingetragen werden.

Laut Gesetz bekommt jeder Gesellschafter zunächst 4 % des Bilanzgewinns. Der verbleibende Gewinn sowie ein eventueller Verlust werden nach Köpfen verteilt. Der Name der Gesellschaft muß die Bezeichnung „Offene Handelsgesellschaft" oder eine verständliche Abkürzung (OHG) enthalten. Wenn keine natürliche Person persönlich haftet, muß die Firma eine Bezeichnung enthalten, die die Haftungsbeschränkung kennzeichnet.

Die Rechtsform der OHG und der GbR setzt ein großes Vertrauen in Ihre Geschäftspartner voraus.

Die Kommanditgesellschaft (KG)

Für die Gründung einer KG trifft das bereits für die OHG Gesagte zu. Im Gegensatz zu den anderen Rechtsformen gibt es bei der KG zwei verschiedene Typen von Gesellschaftern, die sich vor allem bezüglich ihrer Haftung und ihrer Einflußrechte unterscheiden. Da ist zum einen der Komplementär, der mit seinem gesamten Vermögen haftet und zur Geschäftsführung befugt ist, und zum anderen der Kommanditist, der bis in Höhe seiner festgelegten Hafteinlage haftet. Der Kommanditist ist zwar laut Gesetz nicht zur Geschäftsführung befugt, doch können Sie dies durch eine entsprechende Gestaltung des Gesellschaftsvertrags ändern. Der Name der Kommanditgesellschaft muß den Begriff Kommanditgesellschaft oder das Kürzel KG enthalten.

Da Sie als Komplementär voll haften, können Sie auch dann die Geschäftsführung für sich beanspruchen, wenn Sie nicht die Mehrheit der Kapitalanteile besitzen.

Die Gesellschaft mit beschränkter Haftung (GmbH)

Auf Grund ihrer Haftungsbeschränkung ist die GmbH die beliebteste Rechtsform. Im Falle einer Haftung können Ansprüche nur aus dem Gesellschaftsvermögen befriedigt werden. Um dies zu gewährleisten, muß ein Mindestmaß an Haftungsmasse vorhanden sein. Deshalb schreibt das Gesetz eine Einlage der Gesellschafter vor. Dieses sogenannte Stammkapital muß mindestens 50 000,- DM betragen. Als Folge der Beschränkung haften Sie als Gesellschafter nicht mehr mit

Ihrem gesamten Privatvermögen. Bedenken Sie jedoch, in der Praxis wird diese Haftungsbeschränkung meist durchbrochen, da Sie Kredite der Gesellschaft oft mit Ihrem Privatvermögen absichern müssen und somit doch ein Rückgriffsrecht auf Ihr Vermögen entsteht. Bewerten Sie den Punkt Haftung daher bei Ihrer Entscheidung nicht über. Ein weiterer Vorteil ist, daß Sie Ihr Unternehmen durch einen Geschäftsführer führen lassen können.

Die GmbH hat aber auch eine Reihe von Nachteilen. So müssen Sie die Gesellschaftsverträge und alle späteren Änderungen notariell beglaubigen lassen. Beachten Sie dabei auch die gesetzlichen Vorgaben bezüglich des Inhalts. Das kostet Geld und Zeit. Jedes Jahr müssen Sie einen Jahresabschluß bei Ihrem zuständigen Handelsregister einreichen. Und Sie unterliegen strengeren Offenlegungsvorschriften als bei den anderen Rechtsformen.

Die Gewinnverteilung ist nicht vorgeschrieben und muß vertraglich geregelt werden. Der Name der Gesellschaft muß entweder von dem Gegenstand des Unternehmens entlehnt sein oder die Namen der Gesellschafter oder den Namen wenigstens eines derselben mit einem das Vorhandensein eines Gesellschaftsverhältnisses andeutenden Zusatz enthalten. Die Namen anderer Personen als der Gesellschafter dürfen in die Firma nicht aufgenommen werden.

■ *Sie können eine GmbH auch allein gründen. Auf diese Art haben Sie die Vorteile des Einzelkaufmanns mit der Haftungsbeschränkung der GmbH verbunden. Beachten Sie jedoch, daß Sie für Geschäfte, die Sie vor dem Eintrag einer GmbH in das Handelsregister tätigen, voll haften.* ■

Die stille Gesellschaft

Die stille Gesellschaft nimmt unter den Gesellschaftsformen eine Sonderstellung ein, da Sie mit allen anderen Rechtsformen kombiniert werden kann. Sie ist ein Instrument zur leichten Finanzierung, da keine Formalitäten vorgeschrieben sind. Dies hält die Gründungskosten gering.

Der stille Gesellschafter stellt Ihnen seine Mittel gegen eine Gewinnbeteiligung zur Verfügung. Der Vertrag besteht also mit Ihnen und nicht mit der Gesellschaft. Das hat zur Folge, daß der stille Gesellschafter weder Einflußrechte hat noch nach außen in Erscheinung tritt. Er besitzt lediglich einige Kontrollrechte. Seine weiteren Rechte können Sie durch die Vertragsgestaltung nach Wunsch festlegen. So ist es zum Beispiel möglich, ihn am Verlust zu beteiligen oder ihm Mitwirkungsrechte einzuräumen. Einzig die Gewinnbeteiligung können Sie nicht ausschließen. Auf den Namen der Unternehmung wirkt sich diese Rechtsform nicht aus.

■ *Die stille Gesellschaft hat auch einige Nachteile. So haben Sie eine lange Kündigungsfrist bei der Auflösung des Vertrages. Und Sie haben immer eine „Schuld" beim stillen Gesellschafter. Während Sie einen Kredit mit der Zeit tilgen, bleibt der Anspruch des stillen Gesellschafters bis zum Zeitpunkt der Vertragsauflösung erhalten.* ■

Europäische Wirtschaftliche Interessenvereinigung (EWIV)

Die EWIV dient zur Förderung der länderübergreifenden Zusammenarbeit von kleinen und mittleren Unternehmen in ganz Europa. Eine Voraussetzung für ihre Gründung ist der Zusammenschluß von Personen aus mindestens zwei Mitgliedsstaaten der EU zu einer Interessengemeinschaft. Ein

Mindestkapital ist dazu nicht erforderlich. Die bestehende gesamtschuldnerische Haftung ist durch die Verträge einschränkbar.

Wie entscheiden Sie nun?

Wenn Sie Ihre Risiken begrenzen wollen, sollten Sie von vornherein die Rechtsform der GmbH wählen oder Kommanditist einer OHG werden. Ansonsten stehen Ihnen alle Rechtsformen offen. Die oft genannten steuerlichen Vor- oder Nachteile der einzelnen Rechtsformen sind geringer, als häufig angenommen, so daß Sie bei den hier besprochenen Rechtsformen die steuerliche Seite vernachlässigen können.

Wollen Sie eine fundiertere Auswahl treffen, ist es auf Grund der vielen Kriterien am besten, die endgültige Entscheidung über Ihre Rechtsform mit Hilfe einer Entscheidungsmatrix zu fällen. Ermitteln Sie hierzu die für Sie wichtigen Einflußfaktoren der Sie interessierenden Rechtsform und -verfahren mit ihnen so, wie es im Abschnitt „Das Erstellen der Entscheidungsmatrix" im vorhergehenden Kapitel beschrieben ist. Das Ergebnis wird die für Sie optimale Lösung sein. Erarbeiten Sie diese Lösung zusammen mit Ihrem Berater. Er kennt die in Frage kommenden Rechtsformen und ihre Eigenheiten.

Wie Sie den richtigen Standort wählen

Welche Kriterien der Standort erfüllen sollte

Der richtige Standort ist von entscheidender Bedeutung für die Entwicklung Ihres Unternehmens, denn eine geschickte Standortwahl bedeutet oft einen maßgeblichen Wettbewerbsvorteil. Prüfen Sie Ihre Wahl also sehr genau, denn der einmal gewählte Standort läßt sich meist nur schwer wieder ändern. Nutzen Sie bei der Standortwahl die Erfahrungen der Berater der Kammern und Verbände sowie die darauf spezialisierten Unternehmensberater oder auch die entsprechenden Stellen der Länder und Gemeinden. Hier erhalten Sie Auskunft über die besonderen wirtschaftlichen und juristischen Rahmenbedingungen der verschiedenen Regionen. In vielen Fällen ist es möglich, für diese Beratungen Fördergelder zu bekommen.

Prüfen Sie bei der Wahl des Standorts, ob er geeignet ist, den Unternehmenserfolg zu fördern. Überlegen Sie, welche speziellen Anforderungen ein Standort für Ihr Unternehmen erfüllen sollte.

Die Qualität eines Standorts hängt vor allem von der Art Ihres Unternehmens ab. Ein Geschäft in einer Fußgängerzone ist ein optimaler Standort für eine Boutique, aber ein miserabler für ein Fuhrunternehmen. Klären Sie deshalb folgende Fragen mit Blick auf die Wahl des richtigen Standorts für Ihr Unternehmen.

- Welche Produkte und Dienstleistungen wollen Sie verkaufen? (Dabei ist an Erweiterungsmöglichkeiten zu denken.)

- Wer sind Ihre möglichen Kunden, und wie erreichen Sie sie mit Ihren Leistungen oder Produkten?
- Welche Mittel benötigen Sie zur Leistungserstellung? Und was davon machen Sie selbst?
- Was beziehen Sie von Lieferanten, und woher kommt es?
- Wie groß ist der Raumbedarf?

Mit Hilfe dieser Fragen haben Sie einen ersten Überblick über Art und Umfang Ihres Unternehmens erhalten. Sie sind jetzt in der Lage, die für den Standort wichtigen Kriterien zu finden und zu bewerten.

Die richtige Region für Ihr Unternehmen

Bevor Sie nach Mietobjekten oder Grundstücken suchen, sollten Sie verschiedene für den Standort in Frage kommende Regionen prüfen. Dieses Vorgehen spart Zeit und Geld und dient der schnelleren Entscheidungsfindung.

Viele denken daran, ihr Unternehmen in der Nähe ihres Wohnorts zu gründen. Das hat einige Vorteile: Sie können Ihre Kenntnisse des regionalen Markts sowie langjährige Beziehungen zu Banken und Behörden nutzen. Sie kennen Ihre möglichen Kunden und können vielleicht Ihre bisherigen Arbeitgeber als Beschaffungsquelle nutzen. Trotzdem: Prüfen Sie immer andere Regionen auf ihre gegebenenfalls bessere Eignung, und lassen Sie sich nicht allzu sehr von der Vertrautheit Ihres Lebensorts leiten. Denn ein ungünstig gewählter Standort kann zu erheblichen Mehrkosten führen.

Die wichtigsten Auswahlkriterien, die für fast alle Gründer gelten, sind in der folgenden Checkliste aufgeführt. Gehen Sie die einzelnen Fragen durch, indem Sie in die rechte Spalte die Gewichtung der jeweiligen Kriterien für Ihr Unternehmen eintragen (z. B. Werte von eins bis zehn für bedeutungslos bis sehr wichtig).

Checkliste: Standortwahl – Region

Entscheidungskriterien	Gewichtung
■ Brauchen Sie Kundennähe?	
■ Ist die Verkehrslage günstig?	
■ Kommen Sie gut an benötigte Waren in entsprechender Menge, Qualität und zu entsprechenden Preisen?	
■ Haben Sie bei einem Defekt Ihrer Anlagen eine schnelle Unterstützung durch den Kundendienst?	
■ Ist die Finanzierungsbereitschaft in der Region hoch? Gibt es finanzielle und steuerliche Förderungen?	
■ Sind Grundstücke und Gebäude bezüglich des Preises, der Lage sowie der Verkehrsanbindung günstig?	
■ Gibt es genügend qualifizierte Mitarbeiter vor Ort?	
■ Ist das Lohnniveau günstig?	
■ Bestehen Möglichkeiten zur Kooperation mit anderen ansässigen Unternehmen?	

■ Können Sie Ihre Produkte gegebenenfalls über einen Versand zum Kunden bringen?	
■ Ist die Konkurrenzsituation günstig?	
■ Ist das Kundenpotential in Ihrem Einzugsbereich groß genug?	
■ Sind bei den Kunden genügend Kaufkraft und Kaufwille vorhanden?	

Tips zur Wahl der richtigen Räumlichkeiten

Wenn Sie auf Grund der genannten Auswahlkriterien die Region festgelegt haben, können Sie nun mit der Wahl der richtigen Büroräume, Gebäude oder Grundstücke beginnen. In der folgenden Checkliste finden Sie die Faktoren, die die Qualität eines Standorts beeinflussen können. Welche Faktoren für Sie von Bedeutung sind, hängt von der Art Ihres Unternehmens ab.

Bestimmen Sie die Bedeutung für Ihr Unternehmen mit Hilfe der folgenden Checkliste. Tragen Sie die Gewichtung der Faktoren in die rechte Spalte ein.

Checkliste: Standortwahl – Räumlichkeiten

Entscheidungskriterien	Gewichtung
■ Existiert die Möglichkeit zur Erweiterung des Unternehmens, wie zum Beispiel die Schaffung neuer Lagermöglichkeiten?	

■ Gibt es für Mitarbeiter und Kunden ausreichende Parkmöglichkeiten?	
■ Ist der Versorgungsbedarf des Unternehmens mit Strom, Gas, Wasser usw. gesichtert?	
■ Gibt es zusätzliche Kosten (z. B. Erschließungskosten)? Denken Sie daran: Nicht nur bei Neubauten, auch bei einer Erweiterung zum Beispiel der elektrischen Anlagen können Erschließungskosten anfallen.	
■ Existieren Umweltschutzauflagen, die erfüllt werden müssen?	
■ Können Konflikte mit dem Baunutzungsplan und mit dem Gesetz entstehen? Klären Sie dies im Bauplanungsamt der zuständigen Gemeinde, und fragen Sie nach den baurechtlichen Gesetzen und Verordnungen.	
■ Müssen Sie gesetzliche Auflagen für die Räumlichkeiten erfüllen? Von Bedeutung sind hier zum Beispiel die Landesbauordnung, die Arbeitsstättenverordnung, die Arbeitsstättenrichtlinien und die Unfallverhütungsvorschriften.	
■ Gibt es Zuschüsse, Subventionen oder Steuervergünstigungen? Diesen Punkt sollten Sie auf keinen Fall überbewerten, da die meisten Förderprogramme zeitlich begrenzt sind.	

Sollten Sie sich zum Bau neuer Gebäude entschließen, müssen Sie außer den Grundstücks- und Baukosten auch die Erschließungskosten und den Zeitaufwand, aber auch Zuschüsse mit einkalkulieren.

Wie entscheiden Sie sich?

Sie haben sich jetzt eine Liste aller für Sie wichtigen Kriterien erstellt und die Faktoren gewichtet. Welcher Standort nun für Sie der richtige ist, können Sie mit Hilfe der Entscheidungsmatrix herausfinden, die Sie am Ende des Kapitels „Wie Sie den Unternehmensplan erstellen" kennengelernt haben. Dort finden Sie als Beispiel auch eine Entscheidungsmatrix zur Standortbestimmung.

■ *Die richtige Standortwahl zu treffen, ist besonders wichtig, da die einmal umgesetzte Entscheidung nicht mehr oder nur schwer zu ändern ist. Für jedes Unternehmen gelten andere Kriterien, die die richtige Wahl des Standorts beeinflussen. Sie müssen für jeden Einzelfall gezielt entwickelt und sorgfältig gegeneinander abgewogen werden.* ■

Wie Sie Ihren Umsatz planen

Wozu planen Sie?

Das Wort Planung ist für viele ein Reizwort. Und wahrscheinlich haben auch Sie sich schon gefragt, wozu man eigentlich planen soll, wo doch die Planzahlen mit so großen Unsicherheiten behaftet sind.

Der Nutzen der Finanzplanung liegt jedoch nicht im exakten Eintreffen der Prognosen, sondern darin, daß Sie die

Entwicklungstendenzen erkennen und so Fehler rechtzeitig bemerken. Die Planung dient der Erhaltung der Zahlungsfähigkeit sowie der Abstimmung von Kapitalbedarf und Finanzierungsmöglichkeiten. Eine gute Planung ist für ein erfolgreiches Überleben von großer Bedeutung.

Gehen Sie bei der Zusammenstellung der Daten sehr sorgfältig vor. Ein Fehler in der Finanzplanung hat meist einen Engpaß zur Folge, der dann oft genug zum Scheitern des Unternehmens führt. Sie sollten daher mindestens für die ersten drei Jahre Ihres Unternehmens eine Finanzplanung vornehmen, da diese Jahre besonders kritisch sind.

Am einfachsten ist es, wenn Sie Ihre Pläne unter der Angabe von Jahreswerten aufstellen. Doch in den wenigsten Fällen wird dies genügen. Um eine Planung auf Quartals- oder Monatsbasis zu erstellen, brauchen Sie sehr viel Erfahrung oder einen entsprechend guten Berater mit Branchenerfahrung.

■ *Bemühen Sie sich stets darum, bei der Planung realistische Wertansätze zu finden. Eine zu „optimistische" Planung kann ihre Zwecke nicht erfüllen, und Sie werden sich letztendlich selbst schaden.* ■

Was benötigen Sie für Ihre Finanzplanung?

Um eine sinnvolle Finanzplanung durchführen zu können, brauchen Sie gute Kenntnisse auf den folgenden Gebieten:

- Einkauf
- Absatz
- Preissituation

- Konkurrenzsituation
- mögliche Kapazität (Produktionsmenge)
- notwendige Investitionen
- notwendiges Personal

Diese Kenntnisse können Sie aus verschiedenen Quellen beziehen. Zum Teil handelt es sich um Erfahrungswerte, zum Teil aber auch um veröffentlichte Informationen, die Sie bei Behörden, Verbänden, Beratern und Kreditinstituten bekommen.

Das sind zum Beispiel statistische Daten wie:

- durchschnittliche Pro-Kopf-Ausgaben der Branche
- Kaufkraft im Einzugsgebiet
- Kaufverhalten
- branchenübliche Stundensätze

Was beinhaltet der Umsatzplan?

Die Erstellung eines Umsatzplans ist ein wichtiger Schritt für die Planung Ihrer Finanzen. Dem Umsatzplan können Sie die geplanten Umsatzerlöse entnehmen, verteilt auf einzelne Perioden (meist Monate).

Je nach Art Ihres Unternehmens und der gewünschten Planungstiefe können die Umsätze in einzelne Leistungsgruppen (Produkte oder Dienstleistungen) aufgeteilt werden.

Der Umsatzplan dient Ihnen:

- als Basis zur Erstellung des Liquiditätsplans,
- als Übersicht zur Einteilung Ihrer Kapazitäten und
- als schnelle Darstellung der geplanten Mittelzuflüsse.

Stellen Sie stets zwei Umsatzpläne auf. Einen auf der Basis der erwarteten Ergebnisse und einen mit ca. 20 bis 30 % niedrigeren Werten. Sie haben so auch immer gleich einen Überblick über den Verlauf im ungünstigen Fall, zum Beispiel, wenn das Produkt beim Kunden nicht ankommt. Wenn Sie diese Daten angemessen berücksichtigen, gewährleistet Ihnen dieses Vorgehen eine entsprechende Planungssicherheit.

Beachten Sie auch stets, ob Sie tatsächlich in der Lage sind, diese Umsatzzahlen mit Ihren betrieblichen Kapazitäten zu erreichen, und ob diese am Markt auch realisierbar sind.

Wie gehen Sie vor?

Je nach Ihrer Betrachtungsweise haben Sie zwei, schon vom Ansatz her entgegengesetzte Möglichkeiten des Vorgehens. Welche für Sie die bessere ist, hängt dabei vor allem von der Art ihres Unternehmens und von der entsprechenden Marktsituation ab.

Bei der einen Möglichkeit gehen Sie von einer vorgegebenen Absatzmenge aus und ermitteln den daraus resultierenden Umsatz. Bei der anderen legen Sie den gewünschten Umsatz zugrunde und bestimmen die dazu nötigen Absatzmengen. Im folgenden stellen wir Ihnen drei verschiedene Methoden vor, eine Umsatzplanung zu erstellen.

1. Methode – für alle Branchen

Diese Methode ist auf alle Branchen anwendbar, hat aber den Nachteil, daß Sie nicht Ihre unternehmenseigenen Werte nutzen, sondern nur Durchschnittswerte der Branche, die Sie bei Fachverbänden, Kammern, Kreditinstituten, Steuerberatern oder dem Finanzamt erfragen können.

Sie gehen von Ihrem festgelegten Rohgewinn in DM und dem durchschnittlichen Rohgewinn der Branche aus, um nach der folgenden Formel Ihren Mindestumsatz zu errechnen. Dabei ist der Rohgewinn in Prozent anzugeben.

$$\text{Mindestumsatz} = \frac{\text{Rohgewinn in DM}}{\text{Rohgewinn der Branche in \%}} \times 100$$

Vergessen Sie aber nicht zu prüfen, ob sich dieser errechnete Umsatz unter den gegebenen Umständen auch wirklich erreichen läßt.

2. Methode – für Produktionsbetriebe

Diese Methode bietet sich für einen Produktionsbetrieb an. Wie Sie in der folgenden Formel sehen, gehen Sie bei dieser Rechnung von Ihren produktiven Stunden aus und errechnen Ihren Lohnaufwand. Dieser wird um den Materialeinsatz ergänzt, um so den zu erreichenden Umsatz zu bestimmen. Setzen Sie für den Stundensatz einen branchenüblichen Wert an.

	produktive Stunden
x	Stundensatz
=	Lohnaufwand
+	Materialeinsatz (in DM)
=	erreichbarer Umsatz

3. Methode – für Handelsbetriebe

Diese Methode eignet sich besonders für Handelsbetriebe. Allerdings benötigen Sie hierzu, außer einer guten Marktkenntnis, eine Reihe von Informationen, die Sie erst bei Behörden, Verbänden oder Beratern einholen müssen.

Kalkulieren Sie wie folgt:

	Zahl der Einwohner im Einzugsgebiet
x	durchschnittliche Pro-Kopf-Ausgaben der Branche
x	Kaufkraftniveau des Einzugsgebiets
±	Zu- und Abflüsse an andere Gebiete
=	Umsatzpotential des Unternehmens
–	Umsatzschöpfung der Konkurrenz
=	Umsatz des Betriebes

Nachdem Sie mit einer dieser Methoden Ihren geplanten Umsatz ermittelt haben, tragen Sie ihn in Ihren Umsatzplan ein. Der folgende Beispielplan zeigt Ihnen, wie ein solcher Plan aussehen kann. Die monatliche Auflistung der Umsätze ist hier nach Leistungsgruppen (Produkten) gegliedert.

Umsatzplan

	Januar	Februar	März	April	Mai	...
Produkt 1						
Produkt 2						
Produkt 3						
...						
...						
Gesamtumsatz						

Der Umsatzplan bildet zusammen mit dem Kapitalbedarfs- und dem Liquiditätsplan, die im nächsten Kapitel gesondert behandelt werden, eine Einheit. Die Pläne sind stark miteinander verflochten und bauen zum Teil aufeinander auf. Das bedeutet, daß die einzelnen Pläne sich gegenseitig stark beeinflussen.

■ *Beachten Sie dies bitte beim Erstellen und Ändern der Einzelpläne, und prüfen Sie die anderen Pläne immer noch einmal nach, sobald Sie eine Änderung vorgenommen haben.* ■

Wie Sie den Kapitalbedarfsplan und den Liquiditätsplan erstellen

Wie jede Unternehmensgründung muß auch die Ihre finanziert werden. Es stellt sich also die Frage, wieviel Geld Sie brauchen, wann Sie es brauchen und welche Finanzierungsmittel Sie nutzen. Die Antworten auf diese Fragen finden Sie am besten, wenn Sie sich dazu detaillierte Pläne erstellen. Achten Sie dabei besonders auf die Vollständigkeit der Daten und auf einen Bruttoausweis aller Werte, denn eine gute Planung ist schon ein bedeutender Schritt auf dem Weg zu einem erfolgreichen Unternehmen.

Wenn Sie Ihre Pläne erstellen, überlegen Sie, was für Ihr Unternehmen besonders wichtig ist. Klären Sie also zunächst, wofür Sie die finanziellen Mittel brauchen, und danach erst, woher diese Mittel kommen. Erstellen Sie also zuerst den Kapitalbedarfsplan und anschließend den Liquiditätsplan.

Worauf es bei einem Kapitalbedarfsplan ankommt

Der Kapitalbedarfsplan ist eine wichtige Grundlage für Ihre Finanzplanung. Er stellt Ihren gesamten Kapitalbedarf dar, gegliedert nach den einzelnen Perioden Ihrer Existenzgründung. Um den Kapitalbedarf zu ermitteln, müssen Sie zusammentragen, welche Ausgaben Sie haben werden. Die meisten Ihrer Ausgaben werden Sie relativ leicht nach ihrer Höhe und dem Zeitpunkt, wann sie erfolgen müssen, bestimmen können. Es ist jedoch wichtig, auch wirklich alle Kosten zu erfassen. Das trifft vor allem für die einmaligen gründungsbedingten Kosten zu, die Sie bei der Planung auf keinen Fall vergessen dürfen. Um dies zu gewährleisten, ist es ratsam, die Kosten nach Abschnitten zu planen, z. B. nach Investitionen, gründungsbedingten Aufwendungen, Anlaufverlusten und Reservebildung.

Die einzelnen Punkte sollten Sie je nach Bedarf weiter untergliedern. Eine solche Unterscheidung ist auch deshalb sehr sinnvoll, da für die einzelnen Bereiche unterschiedliche Finanzierungsmittel zur Verfügung stehen. So werden Sie eine Anlage durch einen langfristigen Kredit und nicht über Ihren Kontokorrentkredit finanzieren. Lesen Sie hierzu auch das Kapitel „Die Finanzierung planen und Bankengespräche führen". Wenn Sie diese Unterschiede schon bei der Aufstellung des Kapitalbedarfsplans beachten, haben Sie mit dem Erstellen des Finanzplans entschieden weniger Aufwand.

Da ein Großteil der zu berücksichtigenden Werte branchenspezifisch ist, ist die folgende Zusammenstellung nur exemplarisch und soll Ihnen einen Überblick über die wichtigsten Kostenblöcke geben:

- Investitionen
  - Immobilien (Grundstücke, Gebäude o. ä.)
  - Maschinen und Geräte
  - Geschäftsausstattung
  - Fahrzeuge
  - Lizenzen oder Patente
  - erstes Material sowie Fremdbauteile und ähnliches
- gründungsbedingte Aufwendungen
  - Beratungen
  - Anmeldungen und Genehmigungen (Registereintrag)
  - Kautionen und Bürgschaften
  - Ausgaben der Gründungsvorbereitung (Firmenlogo usw.)
  - Markteinführungskosten

- Anlaufverluste
  - Finanzierungskosten, Zinsen und Gebühren
  - Werbung und Öffentlichkeitsarbeit
  - Zahlungen an dritte (Anzahlungen und Sicherheiten)
  - Privatentnahmen (Unternehmerlohn, Einkommen- und Ertragsteuern)
  - Preisnachlässe
  - Steuervorauszahlungen
- Reservebildung

Planen Sie Reserven ein! Gerade in der Anlaufzeit werden Sie Ihre Kosten mit den erzielten Umsätzen kaum decken können. Berücksichtigen Sie neben den Betriebskosten auch die Kosten für Ihre private Lebenshaltung. In der Praxis hat sich erwiesen, daß die fixen Kosten in der Anlaufzeit mit dem Wert eines Dreimonatsbedarfs und die Lebenshaltungskosten mit dem eines Sechsmonatsbedarfs gedeckt sind. Darüber hinaus sollten Sie eine Reserve in Höhe eines Zwölftels der jährlichen Kosten ansetzen. Diese Reserve gibt Ihnen einen Handlungsspielraum bei Budgetüberschreitungen. Denn je weniger Erfahrungen Sie haben und je unsicherer die Branche ist, desto eher können Sie sich bei den Umsatzzahlen täuschen und die Kosten falsch einschätzen.

Erstellen Sie den Kapitalbedarfsplan am besten in Tabellenform, indem Sie die Zahlen der einzelnen Planungsabschnitte zusammenführen. Optimal ist eine monatliche Aufgliederung. Sie ist übersichtlich und hilft Ihnen gleichzeitig bei der Liquiditätsplanung.

Legen Sie für alle Größen einen Sicherheitszuschlag fest. Dies kann für jede Größe einzeln oder in Form eines prozentualen Zuschlags auf den Gesamtbedarf erfolgen. Vergessen Sie dabei nicht, Ihre Einnahmen mit einem Abschlag zu versehen. Rechnen Sie eine ausreichende Reserve für Ihren Unterhalt ein. Gängige Werte für einen pauschalen Sicherheitszuschlag liegen zwischen zehn und 20 Prozent.

Das folgende Beispiel zeigt Ihnen einen einfachen Kapitalbedarfsplan auf Monatsbasis.

Kapitalbedarfsplan

	Jan.	Feb.	März	April	...
Anlagevermögen					
Grundstück					
Gebäude					
Maschinen					
Geschäftsausstattung					
Fahrzeuge					
Reserve					
Zwischensumme					
Umlaufvermögen					
Roh- und Betriebsstoffe					
unfertige Leistungen und Erzeugnisse					
fertige Waren					
Reserve					
Zwischensumme					

Gründungskosten					
Beratungen					
Eintragungen und Notar					
Reserve					
Zwischensumme					
Sonstiges					
Privatentnahmen					
Zins und Tilgung					
Zwischensumme					
Gesamtbedarf					

Wie Sie Ihren Liquiditätsplan erstellen können

Nachdem Sie die Voraussetzungen in Form des Kapitalbedarfs- und des Umsatzplans geschaffen haben, geht es nun an die Liquiditätsplanung. Ihr Ziel ist es, die betrieblichen Geldströme so zu überwachen, daß die Zahlungsfähigkeit – im Rahmen der zur Verfügung stehenden Mittel – stets erhalten bleibt. Während bei der Bedarfsplanung nur die Höhe der Beträge von Bedeutung war, ist jetzt auch der Zeitpunkt entscheidend, an dem die Kosten anfallen. Denn das Kreditvolumen ist begrenzt und seine Inanspruchnahme kostet eine Menge Geld.

Den Bezugspunkt für die Planung bilden die nach Zahlungsterminen geordneten, zu erwartenden Geldströme. Prüfen Sie, ob zu irgendeinem Zeitpunkt das Betriebsvermögen inklusive der gewährten Kredite nicht ausreicht, um den Zahlungsverpflichtungen des Unternehmens nachkommen zu können. Ist dies der Fall müssen Sie Ihre gesamte Planung ändern.

Neben den unbedingt erforderlichen Ausgaben gibt es immer auch Ausgaben, die Sie in einer finanziell ungünstigen Situation unterlassen können. Es empfiehlt sich, diese Ausgaben zusammen mit den dadurch entstehenden Folgekosten getrennt zusammenzustellen, um sie gegebenenfalls aus der Betrachtung ausschließen zu können.

Wie gehen Sie vor?

Die Umsätze und Kosten sind Ihnen bereits aus dem Umsatz- und Kapitalbedarfsplan bekannt. Bei einer monatlichen Planung müssen Sie nun überlegen, in welchen Monaten die geplanten Umsätze zu Einnahmen und die geplanten Kosten zu Ausgaben werden. Diese tragen Sie dann in Ihren Liquiditätsplan ein. Unterteilen Sie die Einnahmen nach Einnahmearten oder nach Leistungsgruppen (Produkten). Beachten Sie dabei aber Saisonschwankungen und ähnliches.

Die Ausgaben entnehmen Sie komplett dem Kapitalbedarfsplan. Achten Sie möglichst auf die Trennung von fixen und variablen Kosten. Der monatliche Überschuß (Überdeckung) oder Fehlbetrag (Unterdeckung) wird aus der Differenz der Einnahmen und Ausgaben gebildet. Bauen Sie hier wie bei den anderen Plänen eine Reserve ein, das heißt einen Überschuß an Liquidität.

Das folgende Beispiel zeigt einen Liquiditätsplan auf Monatsbasis.

Liquiditätsplan

	Januar		Februar		März		…
	Soll	Ist	Soll	Ist	Soll	Ist	
Einnahmen							
Bestand an flüssigen Mitteln (Kasse, Bank …)							
Zahlungseingänge (Forderungen …)							
Summe der Einnahmen							
Ausgaben							
Lohn und soziale Aufwendungen							
Zahlung von Lieferverbindlichkeiten							
Mieten							
Versicherungen							
Steuern							
Tilgung							
Zinsen							
Privatentnahmen							
:	:	:	:	:	:	:	:
:	:	:	:	:	:	:	:
Sonstiges							
Summe der Ausgaben							
Unter- oder Überdeckung							

Der Plan ist hier nicht vollständig wiedergegeben, er ist noch um die restlichen Monate und Ausgaben zu ergänzen. Um den Nutzen dieses Plans zu gewährleisten, ist es wichtig, getrennte Spalten für die Soll- und Ist-Werte einzurichten. Auf diese Weise können Sie laufend kontrollieren, ob Ihre Erwartungen auch erfüllt werden.

■ *Die eingeplanten Werte müssen regelmäßig mit den realen Werten abgeglichen werden, das heißt, jeder zusätzliche Auftrag ist in den Plan einzuarbeiten. So haben Sie stets den Vergleich von geplanten und eingetroffenen Werten.* ■

Aus den Daten des Kapitalbedarfs- und des Liquiditätsplans können Sie ablesen, wann Sie über welche Mittel verfügen. Sie sind so auf Engpässe vorbereitet und können bei Neuaufträgen prüfen, ob sie mit den vorhandenen Mitteln finanzierbar sind.

Können Sie Ihre Kosten decken?

Ihre Idee kann noch so gut sein und Sie selbst noch so qualifiziert, wenn Sie jedoch auf Dauer keine ausreichenden Gewinne machen, ist eine Unternehmensgründung nicht sinnvoll. Um dies beurteilen zu können, sollten Sie vor der Gründung unbedingt eine Rentabilitätsvorschau erstellen.

■ *Die Vorschau sollte mindestens die ersten drei Jahre umfassen. Das dritte Jahr ist besonders kritisch, da Sie hier meist auch bei Krediten aus Fördermitteln mit der Tilgung beginnen müssen.* ■

Die Rentabilitätsvorschau ist eine stark vereinfachte Rechnung, in die nur die wichtigsten Größen mit genäherten Werten eingehen. Ermitteln Sie die notwendigen Einkünfte, um ihre privaten Ausgaben decken zu können.

Berechnung der notwendigen Mindesteinkünfte

		Ihre Kosten
	Steuern auf das Einkommen	
+	Kranken-, Renten- und Lebensversicherung	
+	Miete (privat)	
+	Lebensunterhalt	
+	sonstige private Ausgaben	
=	Summe aller privaten Kosten (müssen mindestens erwirtschaftet werden)	

Ermitteln Sie nun, ob Ihr Unternehmen zumindest all Ihre zuvor ermittelten privaten Ausgaben deckt.

Berechnung der voraussichtlichen Einkünfte

		Ihre Zahlen
	Erwarteter Umsatz	
-	Wareneinsatz	
=	Rohgewinn I	
-	Personalkosten (Löhne, Urlaubsgeld ...)	
=	Rohgewinn II	
-	Sonstige Kosten	
-	Zinsen	
-	Abschreibungen	
=	Jahresüberschuß (Gewinn)	

Einige der benötigten Daten können Sie bei den entsprechenden Kammern oder Verbänden erfragen.

Beachten Sie jedoch, daß nur dann die privaten Ausgaben gedeckt sind, wenn der Jahresüberschuß gleich den ermittelten Ausgaben ist. Nicht enthalten sind also Kredittilgungen sowie Reserven für unvorhergesehene Ausgaben. Sie müssen langfristig also einen wesentlich höheren Jahresüberschuß erwirtschaften.

Die Eröffnung vorbereiten

Die Finanzierung planen und Bankengespräche führen

Eine Existenzgründung kostet meistens sehr viel Geld. Das wissen Sie spätestens, nachdem Sie Ihren persönlichen Kapitalbedarf ermittelt haben. Für viele stellt sich dann die Frage: „Wie finanziere ich das alles?"

Was Sie bei der Finanzierung beachten sollten

Um Sie vor finanziellen Verlusten zu schützen, sollen Sie vorab noch die wichtigsten Finanzierungsregeln kennenlernen.

Beachten Sie bei Ihren Planungen immer:

- daß auch wirklich alle Kosten berücksichtigt werden,
- daß unerwartete Kostenüberschreitungen auftreten können,
- daß Anlaufverluste mitfinanziert werden müssen,
- daß es zu unerwarteten Umsatzeinbrüchen kommen kann,
- daß Geld für unvorhersehbare Ereignisse vorhanden ist,
- daß zinsgünstige Sonderkredite ausgeschöpft werden,
- daß alle steuerlichen Aspekte in der Finanzplanung berücksichtigt werden,

- daß Lieferantenschulden nicht zu hoch werden,
- daß günstige Kredite nicht immer gute Kredite sind,
- daß Gebäude, Maschinen und Ausstattung mit Eigenmitteln und langfristigen Krediten finanziert werden,
- daß die Laufzeit eines Kredits zur Finanzierung einer Anlage nicht länger ist, als deren Nutzungsdauer.

Auch später sollten Sie darauf achten, daß Rohstoff- und Warenrechnungen, wenn möglich, unter Abzug von Skonto beglichen werden. Lieferantenkredite ohne Skontoausnutzung gehören zu den teuersten Krediten!

Wie Sie Ihr Unternehmen finanzieren können

Viele verstehen unter dem Begriff „Finanzierung" ausschließlich die Aufnahme von Krediten. Aber es gibt noch weitere Möglichkeiten für Ihr Unternehmen, an Geld zu kommen. Die wichtigsten Finanzierungsmöglichkeiten sind:

1. Eigenkapital
2. Leasing
3. Darlehen der Lieferanten
4. Finanzierung durch Kredite
   - Investitionskredit
   - Kontokorrentkredit
   - Fördermittelkredit
5. Beteiligungsgesellschaften

1 Eigenkapital

Die wichtigste Geldquelle sind Ihre privaten Eigenmittel. Bevor Sie sich fremdes Geld leihen, für das Sie Zinsen zahlen müssen, sollten Sie prüfen, wieviel Mittel Sie aus eigener Tasche zur Finanzierung Ihrer Existenz beisteuern können.

Eigenmittel können sein:

- Sparguthaben,
- Wertpapiere/Festgeld,
- bereits vorhandene Sachanlagen,
- Eigenleistungen.

Wozu Eigenkapital?

Ausreichend Eigenkapital ist besonders wichtig, weil es Ihnen langfristig zur Verfügung steht. Über je mehr Eigenkapital Sie verfügen, um so

- größer ist Ihr Polster bei finanziellen Engpässen,
- stärker ist Ihre Position bei Kreditverhandlungen.

Außerdem benötigen Sie es als Haftungskapital gegenüber Kapitalgebern oder für die Mindesteinlage bei einer Kapitalgesellschaft, die Sie möglichst nicht mit Fremdkapital finanzieren sollten.

Die Eigenkapitalhöhe sollte im Optimalfall mindestens 20 Prozent der Investitionskosten abdecken. Je höher Ihre Eigenkapitalquote ist, um so besser werden Sie finanzielle Krisen überstehen.

Besitzen Sie nur geringe Eigenmittel, so fragen Sie Ihre Freunde und Bekannten, ob diese Sie nicht mit einem privaten Darlehen unterstützen können.

▪ *Fehlendes Eigenkapital ist noch immer ein Hauptgrund für das Scheitern von Existenzgründungen.* ▪

Eine weitere Möglichkeit, Ihr Eigenkapital aufzustocken, besteht in der Aufnahme eines Partners. Bedenken Sie dann aber auch, daß Sie nicht mehr allein die Firma führen.

Die Deutsche Ausgleichsbank in Bonn und ihre Niederlassung in Berlin bieten zudem noch ein mit günstigen Konditionen ausgestattetes Eigenkapitalhilfedarlehen an, das Ihnen hilft, Ihr Eigenkapital zu erhöhen.

▪ *Je höher Ihr Eigenkapitalanteil ist, desto sicherer wird Ihr Unternehmen die Zukunft überstehen. Sie sparen Kosten für teure Kredite und haben eine höhere Kreditwürdigkeit. Sie sollten aber auf keinen Fall Ihr gesamtes Vermögen in die neue Firma stecken. Eine Reserve für unvorhergesehene finanzielle Belastungen im Privaten sollten Sie immer besitzen.* ▪

2 Leasing

Eine Alternative zum Eigenkapital ist das Leasing.

Unter Leasing versteht man die entgeltliche Vermietung oder Verpachtung von Anlagegütern. Leasing-Geber kann der Hersteller selbst sein oder eine Leasing-Gesellschaft.

Welche Vorteile bietet Ihnen das Leasing, und für wen lohnt sich ein solcher längerfristiger Mietvertrag?

- Leasing lohnt sich für alle, die nur geringe Eigenmittel besitzen und keine Kredite mehr aufnehmen möchten.

- Ein Vorteil des Leasings besteht darin, daß Sie keine hohe Anfangsliquidität benötigen.

- Ein weiteres Plus: Die Anlagegüter bleiben kürzer im Unternehmen, und Sie können immer mit modernen Anlagen arbeiten.

Weitere Vorteile und Berechnungsbeispiele finden Sie im TaschenGuide *Kaufmännisches Rechnen.*

Da die Gesamtkosten des Leasings sehr hoch sind, sollten Sie als Alternative die Zahlungsziele Ihrer Lieferanten nutzen.

3 Darlehen der Lieferanten

Viele Lieferanten bieten Ihnen Zeit, Ihre Rechnungen zu begleichen. Durch die Nutzung langer Zahlungsziele können Sie Engpässe in Ihrer Finanzierung schnell überbrücken. Bedenken Sie aber, daß Lieferantenkredite ohne Skontoausnutzung in aller Regel sehr teuer sind.

4 Finanzierung durch Kredite

Ganz ohne Bankkredite wird es aber meist doch nicht gehen.

Damit Sie sich schon vor dem Gang zum Kreditinstitut informieren können, sind nachfolgend die wichtigsten Kredite näher erläutert.

Der Investitionskredit

Mit dem Investitionskredit finanzieren Sie Ihre Anschaffungen, die Sie längerfristig nutzen wollen. Die Laufzeit dieser Kredite liegt in der Regel bei fünf bis 20 Jahren.

Vereinbaren Sie mit Ihrer Bank eine gleichbleibende Ratenzahlung, gegebenenfalls auch eine Aussetzung der Tilgungsraten für die ersten Jahre der Laufzeit. So können Sie Zahlungsengpässe in den Anlaufzeiten besser verkraften.

> ■ *Über die Höhe der Zinssätze für Investitionskredite lassen viele Kreditinstitute mit sich verhandeln.* ■

Der Kontokorrentkredit

Einer der bequemsten und flexibelsten Kredite ist der Kontokorrentkredit. Er entsteht, wenn Sie Ihr laufendes Bankkonto überziehen. Je nach Bedarf können Sie ihn jederzeit in Anspruch nehmen. Die Höhe des maximalen Betrags, den Sie überziehen dürfen, vereinbaren Sie vorher mit Ihrer Bank.

Zinsen werden Ihnen nur für den tatsächlich genutzten Kreditbetrag berechnet. Leider lassen sich die Banken diesen Service mit höheren Zinssätzen und hohen Gebühren vergüten.

> ■ *Da ein Kontokorrentkredit dieser Art recht teuer ist, sollten Sie ihn nur zur kurzfristigen Sicherung Ihrer Zahlungsbereitschaft nutzen.* ■

Die Fördermittelkredite

Fördermittelkredite sind langfristige und zinsgünstige staatliche Finanzhilfen in Form von Darlehen. Sie sind häufig in den ersten Jahren tilgungsfrei, das heißt, Sie zahlen nur die Zinsen. Dadurch können Sie Ihren Finanzbedarf in den Anfangsjahren verringern oder das Geld für die Raten in anderer Form verwenden.

Die Nutzung eines staatlichen Darlehens ist an gewisse Voraussetzungen gebunden:

- Es werden nur Existenzgründungen gefördert, deren Marktideen einen längerfristigen Erfolg versprechen.
- Die Darlehensgewährung erfolgt nur auf Antrag vor der Durchführung der Vorhaben.
- Sie sollten über Eigenmittel verfügen,
- nicht älter als 50 Jahre sein
- und die nötige Qualifikation besitzen.

Denken Sie aber immer daran, daß Sie keinen Rechtsanspruch auf eine Auszahlung besitzen.

Fördermittelkredite gehören zu den günstigsten Formen der Kreditfinanzierung. Sie sollten sich daher bei jeder Gründung erkundigen, ob auch Sie Finanzhilfen beantragen können. Informationen über die aktuellen Darlehensprogramme und deren Konditionen erhalten Sie bei den Banken und beim Bundesministerium für Wirtschaft durch Broschüren und im Internet unter: www.bmwi.de

5 Die Beteiligungsgesellschaften

Eine immer größere Bedeutung in der Finanzierung von Unternehmen bekommen die Beteiligungsgesellschaften. Dies sind private Gesellschaften des In- und Auslands, die dem Existenzgründer, vermehrt auch ohne Sicherheiten, Risikokapital, sogenanntes Venture Capital, in Form von Krediten zur Verfügung stellen. Aber auch staatliche Institutionen, wie zum Beispiel die Kreditanstalt für Wiederaufbau in Frankfurt am Main und ihre Niederlassung in Berlin, geben Beteiligungskapital aus.

Diese Gesellschaften können sich als Gesellschafter am Eigenkapital Ihres Unternehmens beteiligen, z. B. als stiller Gesellschafter.

■ *Besonders für innovative Existenzgründungen ist die Aufnahme von Risikokapital bei Beteiligungsgesellschaften interessant.* ■

Was Kredite kosten

Um die verschiedenen Kreditangebote des Staates, der Banken und der Beteiligungsgesellschaften sinnvoll miteinander vergleichen zu können, sollten Sie immer fragen: „Was kostet mich der gesamte Kredit?"

Die Kosten setzen sich aus verschiedenen Größen zusammen und ergeben so den Preis des Kredits:

- Kredithöhe
- Auszahlungsbetrag
- effektiver Zinssatz
- Ratenanzahl
- Laufzeit
- tilgungsfreie Zeit
- Tilgungsbetrag
- Provisionen

Diese Konditionen sind Ansatzpunkte für die nun folgenden Kreditverhandlungen. Bei niedrigen Marktzinsen sollten Sie auf eine langfristige Zinssatzbindung bestehen. Die Festschreibung des Zinssatzes auf eine lange Laufzeit schützt Sie vor weiteren Kosten bei einem Anstieg der Zinsen in der Zukunft. Handeln Sie außerdem auch eine Möglichkeit der Sondertilgung aus.

▪ *Denken Sie immer daran, daß Ihr Ziel darin bestehen muß, den Kostenaufwand der Fremdmittel so gering wie möglich zu halten. Jede Mark, die Sie sparen, kann für andere Anschaffungen verwandt werden.* ▪

Tips für Ihre Kreditverhandlungen

Sie kennen Ihren Kapitalbedarf und wissen, daß Sie einen Kredit benötigen. Dann kommt jetzt für Sie die schwierigste Aufgabe. Sie müssen für Ihr Unternehmen das richtige Kreditinstitut auswählen und ein erfolgreiches Kreditgespräch führen.

Was Sie bei der Wahl der Bank bedenken sollten

Sicher haben Sie als Privatkunde schon ein Konto bei Ihrer Hausbank. Doch ist diese Bank auch die richtige für Ihr Firmenkonto? Und bekommen Sie bei dieser auch einen günstigen Kredit?

Die Auswahl der Bank ist eine wichtige Entscheidung, denn Sie gehen in der Regel eine langfristige Verbindung ein. Fragen Sie Freunde und Bekannte nach deren Erfahrungen mit ihren Banken. Auswahlkriterien bei Ihrer Bankensuche sollten sein:

- die räumliche Nähe zur Bank,
- eine gute fachliche Beratung
- und ein guter persönlicher Kontakt zu Ihrem Firmenkundenbetreuer.

Haben Sie die richtige Bank gefunden, geht es nun darum, den für die Kreditvergabe verantwortlichen Mitarbeiter von Ihrem Existenzgründungsvorhaben zu überzeugen.

Wie Sie sich beim Kreditgespräch verhalten sollten

- Führen Sie das Gespräch sachlich und selbstbewußt, und zeigen Sie der Bank, daß Sie sich Ihren Kreditwunsch sorgfältig durchdacht haben.
- Stellen Sie sich und Ihr Vorhaben objektiv da. Geben Sie einen Überblick über die Erfolgsperspektiven und über mögliche Hindernisse.
- Untermauern Sie Ihre Aussagen durch das Zahlenmaterial Ihres Unternehmensplans.

Wie wird Ihre Kreditwürdigkeit beurteilt?

Vor einer Kreditvergabe wird die Bank Ihre persönliche und wirtschaftliche Kreditwürdigkeit überprüfen.

Die folgenden Punkte werden dazu beurteilt:

- Ihre fachliche Qualifikation,
- Ihre Überzeugungskraft,
- Ihr Durchsetzungsvermögen,

- Ihre Zuverlässigkeit,
- Ihr Verhandlungsverhalten,
- Ihre familiären Verhältnisse,
- Ihr bisheriges Verhalten bei einer Kreditnutzung.

Zusätzlich holt die Bank Auskünfte bei den nachfolgend genannten Stellen über Sie ein:

- beim Grundbuchamt,
- beim Handelsregister,
- bei anderen Banken,
- bei Ihrem Steuerberater,
- bei der Schufa
- und bei anderen behördlichen Institutionen.

Legen Sie sich zur Vorbereitung Ihres Kreditgesprächs die folgenden Fragen vor. Zur Prüfung der Wirtschaftlichkeit Ihres Vorhabens wird die Bank Ihnen diese oder ähnliche Fragen stellen:

- Welches Geschäftsziel wollen Sie erreichen?
- Wo könnten Probleme auftreten?
- Mit welchen Umsätzen ist zu rechnen?
- Wie hoch werden die Kosten sein?
- Welche Gewinne erwarten Sie?
- Wieviel Geld benötigen Sie zur Umsetzung Ihrer Pläne?

- Wieviel eigene Mittel haben Sie?
- Wie hoch schätzen Sie Ihren Kreditbedarf ein?
- Wieviel Geld können Sie im Monat zur Tilgung der Kreditsumme und der Zinsen aufbringen?
- Besitzen Sie Sicherheiten?
- Haben Sie finanzielle Reserven?
- Haben Sie weitere Einkünfte?
- Benötigen Sie eventuell weitere Kredite?

Eine Kreditvergabe beruht auf einem gegenseitigen Vertrauensverhältnis. Schaffen Sie Vertrauen, indem Sie alle Fragen der Bank wahrheitsgemäß beantworten und der Bank die Gewißheit geben, daß Sie Ihren Kredit pünktlich und in voller Höhe zurückzahlen werden.

Welche Sicherheiten Sie der Bank bieten können

Kaum eine Bank wird Ihnen eine größere Kreditsumme ohne Absicherung auszahlen. Darum sollten Sie sich vor dem Kreditgespräch überlegen, welche Sicherheiten Sie der Bank bieten können. In Frage kommen:

- Sicherungsübereignungen (Kfz, Wertpapiere, Waren),
- Hypothek,
- selbstschuldnerische Bürgschaften durch Dritte,
- Ausfallbürgschaften von Bürgschaftsbanken der Länder und des Bundes,
- Lebensversicherungen und Bausparverträge.

Stellen Sie Sicherheiten nur in der Höhe der Kreditsumme zur Verfügung. Überhöhte Sicherheiten nützen nur der Bank.

Welche Unterlagen brauchen Sie für den Kreditantrag?

Ein Kreditantrag ist mit einer Reihe von Formalitäten verbunden. Folgende Unterlagen müssen Sie vorlegen:

- einen Lebenslauf, aus dem auch Ihr beruflicher Werdegang zu entnehmen ist,
- Arbeits- und Prüfungszeugnisse,
- eine Beschreibung Ihrer Geschäftsidee,
- eine Marktanalyse,
- eine Umsatz- und Ertragsvorschau,
- Kalkulationen,
- eine Kostenplanung,
- einen Investitionsplan,
- einen Finanzierungsplan,
- Wirtschaftlichkeitsberechnungen,
- eventuell Gesellschaftsverträge,
- wenn schon vorhanden Handelsregistereintragung,
- Grundbuchauszüge,
- eine Übersicht bereits vorhandener Schulden,
- eine Aufstellung möglicher Kreditsicherheiten,
- eine Liste mit möglichen Bürgen.

Im einzelnen kann die Bank auch noch zusätzliche Unterlagen von Ihnen verlangen.

■ *Legen Sie die Unterlagen der Bank schon einige Tage vor dem Kreditgespräch zur Beurteilung vor. Dies schafft Vertrauen in Ihre Person und Ihr Vorhaben.* ■

Was Sie vor Abschluß des Kreditvertrags prüfen sollten

Sie haben Ihre Bank vom Erfolg Ihrer Geschäftsidee überzeugt, und der Kreditvertrag liegt zur Unterschrift vor. Bevor Sie unterschreiben, sollten Sie folgendes noch einmal prüfen:

- Sind Kreditbetrag, Auszahlungsbetrag und Rückzahlungsbetrag angegeben?
- Sind die Tilgung und die Laufzeit im Vertrag verankert?
- Wurden alle Zinsvereinbarungen beachtet?
- Ist die Besicherung eindeutig geregelt?

■ *Durch das sofortige Nachprüfen des Vertrags sparen Sie sich später unnötige Streitigkeiten mit Ihrem Kreditinstitut.* ■

Welche Anmeldeformalitäten Sie erfüllen müssen

Die Gründung Ihres Betriebs erfordert die Einhaltung von zahlreichen Gesetzen. So müssen Sie Ihr neues Unternehmen bei einigen Behörden und Institutionen anmelden und einige Formalitäten erledigen.

Denken Sie auch nochmals daran, daß Anträge auf staatliche Fördermittel vor der Gründung gestellt werden müssen.

Mit der Anmeldung Ihres Unternehmens wird die offizielle Gründung vollzogen. Dies ist die Geburtsstunde Ihres Unternehmens. Von nun an sind Sie Unternehmer.

Behörden und Organisationen

Hier müssen Sie Ihren neuen Betrieb anmelden:

- beim Gewerbeamt, wenn es sich um einen Gewerbebetrieb handelt,
- beim Finanzamt,
- beim Arbeitsamt,
- bei der Krankenkasse,
- bei der Berufsgenossenschaft,
- beim Handelsregister,
- bei der Industrie- und Handelskammer bzw. der Handwerkskammer,
- beim Gewerbeaufsichtsamt,
- bei den Versorgungsunternehmen.

Gewerbeamt

Jede Gründung eines Gewerbebetriebs muß beim Gewerbeamt der Stadt oder Gemeinde angemeldet werden.

Ausgenommen von dieser Verpflichtung sind Unternehmen der Land- und Forstwirtschaft sowie alle Freiberufler, die unter den §18 des Einkommensteuergesetzes fallen.

Zur Anmeldung benötigen Sie einen Personalausweis oder Paß und zur Gründung bestimmter Gewerbeunternehmen auch die geforderten Genehmigungen.

Das Gewerbeamt wird nun auf dem Amtsweg die folgenden Behörden und Institutionen über Ihre Anmeldung informieren:

- Finanzamt
- Handelsregistergericht
- Industrie- und Handelskammer bzw. Handwerkskammer
- Berufsgenossenschaft
- Statistisches Landesamt

Zum schnelleren Abwickeln der Gründungsformalitäten und zur Klärung weiterer Fragen sollten Sie selbst Kontakt zu diesen Stellen aufnehmen.

Finanzamt

Beim Finanzamt erhalten Sie für Ihr Unternehmen eine Steuernummer. Unter Angabe dieser Steuernummer müssen Sie dann immer Ihre Steuern bezahlen. Nähere Informationen zum Thema Finanzamt erhalten Sie im Kapitel „Was Sie fürs Finanzamt tun müssen".

Arbeitsamt

Das Arbeitsamt teilt Ihnen Ihre Betriebsnummer mit. Diese benötigen Sie für die Sozialversicherungsanmeldung bei Ihrer Krankenkasse. Da die Betriebsnummer an den jeweiligen Betriebsinhaber gebunden ist, müssen Sie auch bei Übernahme eines Unternehmens eine neue Nummer beantragen.

Krankenkasse

Beabsichtigen Sie, Mitarbeiter einzustellen, so müssen Sie diese in der Regel spätestens zwei Wochen nach der Einstellung bei den zuständigen Krankenkassen anmelden. Die Meldefristen können auch kürzer sein. Erkundigen Sie sich deshalb vor der Einstellung von Arbeitnehmern nach den Fristen.

Berufsgenossenschaften

Die Träger der Pflicht-Unfallversicherung übernehmen die Risiken eines Arbeitsunfalls oder eines Wegeunfalls zur Arbeit für Ihre Arbeitnehmer und teilweise auch für Sie selbst. Die Mitgliedschaft in einer Berufsgenossenschaft ist gesetzlich festgeschrieben. Sie müssen sich also auch dann anmelden, wenn Sie keine Arbeitnehmer beschäftigen.

Handelsregister

Nutzen Sie Ihr Unternehmen als Vollerwerb, so wird in der Regel ein Eintrag ins Handelsregister nötig sein. Freiberufler werden nicht eingetragen. Das Handelsregister wird beim zuständigen Amtsgericht geführt. Dort erhalten Sie entsprechende Formulare, die Sie ausfüllen und unterschreiben müssen. Ihre Unterschrift muß dann noch durch einen Notar beglaubigt werden.

Besonders bei der Gründung einer GmbH ist eine schnelle Anmeldung und Eintragung sehr wichtig. Bis zur Eintragung ins Handelsregister haften Sie für alle vorher abgeschlossenen Verträge mit Ihrem gesamten Privatvermögen.

Besondere Genehmigungs- und Meldepflichten

Wollen Sie sich in den nachfolgend genannten Gewerbebereichen selbständig machen, so müssen Sie weitere Genehmigungen einholen:

- Handwerk
- bestimmte Bereiche des Groß- und Einzelhandels
- Industriebetriebe, die die Umwelt beeinflussen
- Gaststätten- und Hotelgewerbe
- Makler
- Beförderungsunternehmen

Informieren Sie sich frühzeitig, welche Genehmigungen Sie für welche Institution benötigen. Informationen erhalten Sie bei den entsprechenden Stellen und bei den Industrie- und Handelskammern bzw. bei den Handwerkskammern.

Handwerk

Bevor Sie einen Handwerksbetrieb eröffnen können, müssen Sie sich in die Handwerksrolle bei der örtlichen zuständigen Handwerkskammer eintragen lassen. Dieser Eintrag erfolgt aber nur, wenn Sie selbst einen Meisterbrief oder eine ähnliche Qualifikation (zum Beispiel ein Diplom in der Fachrichtung und genügende Praxiserfahrung) besitzen. Sie können auch ohne Meisterbrief einen Eintrag erhalten, sind dann aber verpflichtet, einen Meister in Ihrem zukünftigen Unternehmen zu beschäftigen.

Groß- und Einzelhandel

Zur Gründung eines Unternehmens im Handel benötigen Sie nur dann besondere Sachkundenachweise und Genehmigungen, wenn Sie sich u. a. in folgenden Bereichen betätigen wollen:

- Lebensmittelhandel
- Arzneimittelhandel
- Handel mit Giftstoffen
- Waffen- und Munitionshandel
- Handel mit explosionsgefährlichen Stoffen
- Handel mit Tieren
- Handel mit Pflanzenschutzmitteln

Industrie

Genehmigungen benötigen Sie, wenn bei Ihrer Produktion die Umwelt beeinflußt wird. Achten Sie auf die geltenden Umweltbestimmungen.

Gaststätten- und Hotelgewerbe

Bei der Eröffnung eines Hotels oder einer Gaststätte müssen Sie beim Gewerbeamt eine Bestätigung über die Eignung der Geschäftsräume und einen Nachweis über die Teilnahme an einem Kurs über den richtigen Umgang mit Lebensmitteln nachweisen. Solche Kurse bietet zum Beispiel die Industrie- und Handelskammer an.

Makler

Wollen Sie sich mit der Vermittlung von Verträgen über Grundstücke, Wohnräume oder Kapitalanlagen selbständig machen, so brauchen Sie nach der Gewerbeordnung eine besondere Erlaubnis. Dazu müssen Sie auch Ihre persönliche und wirtschaftliche Zuverlässigkeit nachweisen.

Beförderungsunternehmen

Dient Ihr Unternehmen der geschäftsmäßigen Beförderung von Personen, so benötigen Sie auch hierfür eine extra Genehmigung. Sie müssen Ihre persönliche Zuverlässigkeit, wirtschaftliche Leistungsfähigkeit und fachliche Eignung nachweisen.

Worauf es bei Personalplanung und Lieferantenauswahl ankommt

Auch wenn Sie klein anfangen: Sie werden als Unternehmer nicht alles selbst erledigen können. Deshalb sollten Sie sich früh genug überlegen, welche und wie viele Mitarbeiter Sie brauchen werden. Machen Sie sich darüber nicht erst Gedanken, wenn Sie akut Personal benötigen – das kann Sie unnötig in Schwierigkeiten bringen. Dasselbe gilt für Ihre Lieferanten: Treten Sie rechtzeitig mit ihnen in Kontakt, und prüfen Sie ihre Leistungsfähigkeit.

Die Personalauswahl sorgfältig planen

Durch die Personalkosten wird einem Unternehmen viel Geld entzogen. Deshalb müssen Firmengründer in der Startphase Zurückhaltung üben und ganz genau überlegen, welche Arbeiten in der Zukunft anfallen werden, welches Personal dafür benötigt wird und wo man es bekommt.

Welches Personal brauchen Sie?

Lassen Sie sich für den Aufbau Ihres Mitarbeiterstamms Zeit. Für die Planung Ihres zukünftigen Personalbestands müssen Sie sich allerdings schon heute einige Gedanken über die spätere Entwicklung Ihres Unternehmens machen. Analysieren Sie deshalb genau den Arbeitsumfang und die Aufgaben, die in Ihrem Unternehmen in den nächsten Jahren anfallen.

Stellen Sie sich dazu folgende Fragen:

- Wann und an welchem Arbeitsplatz könnte sich der momentane Arbeitsumfang erhöhen?

  Denkbar ist zum Beispiel eine Erhöhung Ihres Arbeitsumfangs bei:

  - einer Nachfragesteigerung nach Ihrem Waren-/Leistungsangebot,
  - einer Vergrößerung Ihrer Produktion,
  - einem verbesserten Service.

  Mit Zunahme der Betriebsgröße erhöht sich meist auch der Arbeitsumfang im Einkauf und im Vertrieb.

- Welche Arbeiten könnten in der Zukunft zusätzlich auf Sie zukommen?

  Möglich wären zusätzliche Arbeiten durch:
  - eine Vergrößerung Ihres Angebotssortiments,
  - die Errichtung von Niederlassungen.

- Wie viele Mitarbeiter werden Sie dann benötigen, um diese Arbeiten schnell und ordentlich erledigen zu können?

Überlegen Sie in diesem Zusammenhang auch, welche Arbeiten von Ihnen persönlich erledigt werden müssen und welche Sie an Mitarbeiter abgeben können.

Fertigen Sie Stellenbeschreibungen an, die für jede Stelle neben den vermutlichen Personalkosten auch die folgenden Angaben enthalten:

- die genaue Stellenbezeichnung,
- die Stelleneinordnung,
- die Arbeitsaufgabe,
- die Befugnisse des Stelleninhabers,
- die geistigen oder körperlichen Anforderungen an den Stelleninhaber.

Mit Hilfe dieser Stellenbeschreibungen werden Sie in der Lage sein, die folgenden Fragen zu beantworten und die richtigen Mitarbeiter zu finden.

- Welche Stellen sind zu besetzen?
- Wieviel Personal wird dazu benötigt?
- Welche Aufgaben sind dort zu erledigen?
- Sind besondere Kenntnisse erforderlich?
- Bestehen besondere Anforderungen an Körper oder Geist?
- Benötigen Sie eine Vollzeitkraft oder eine Teilzeitkraft?

Nun wissen Sie, wen Sie brauchen und können gezielt nach den passenden Mitarbeitern suchen.

Wie finden Sie neue Mitarbeiter?

Ihre Mitarbeiter können Sie finden:

- durch Anzeigen in Fach- und Tageszeitungen,
- in Hochschulen,
- beim Arbeitsamt und privaten Arbeitsvermittlern,
- bei Zeitarbeitsfirmen,
- eventuell auch bei Familienmitgliedern,
- im Bekannten- und Freundeskreis.

Teilzeitkräfte und Aushilfen findet man auch durch Aushänge im eigenen Schaufenster, an Schulen oder bei der Schnellvermittlung des Arbeitsamts.

Wie wählen Sie die richtigen Mitarbeiter?

Um bei der Mitarbeiterauswahl Fehlentscheidungen zu vermeiden, sollten Sie

- alle Bewerbungsunterlagen mit folgenden Fragen kritisch prüfen:
  - Enthält die Bewerbung alle erforderlichen Dokumente?
  - Gibt es Lücken im Lebenslauf?
  - Stimmt die Qualifikation mit Ihren Anforderungen überein?
- und dann die besten Bewerber zu einem Vorstellungsgespräch einladen.

Erkundigen Sie sich gegebenenfalls auch beim früheren Arbeitgeber Ihres Bewerbers. Sie können den Bewerber auch bitten, eine typische Arbeit seiner zukünftigen Stelle zu verrichten, um ihn zu beurteilen.

Wie führen Sie ein Vorstellungsgespräch?

Ein Vorstellungsgespräch hilft Ihnen, Ihren zukünftigen Mitarbeiter aus mehreren Bewerbern herauszufinden. Sie lernen die Bewerber genauer kennen und können alle Fragen klären, die sich aus den Bewerbungsunterlagen ergeben haben.

Um ein umfassendes Bild vom einzelnen Bewerber zu erhalten, sollten Sie in einem Vorstellungsgespräch:

- die persönliche Situation des Bewerbers besprechen,
  - Herkunft, Familie, Wohnort

- seine Ausbildung und seinen beruflichen Werdegang erörtern
  - erlernter Beruf
  - bisherige berufliche Tätigkeiten
  - berufliche Pläne
- und ihn über seine Lohn-/Gehaltsvorstellung befragen.

Nutzen Sie das Vorstellungsgespräch auch, um dem Bewerber einige Informationen über Ihr Unternehmen zu geben (z. B. über die Organisation, über Arbeitszeiten usw.).

Nach der erfolgreichen Auswahl eines Bewerbers werden Sie mit Ihrem neuen Mitarbeiter einen Arbeitsvertrag abschließen. Aus der Unterzeichnung eines Arbeitsvertrags ergeben sich für Sie als Arbeitgeber auch einige Pflichten. Aus diesem Grund ist bei der Vertragsunterzeichnung einiges zu beachten.

Wie sollte der Arbeitsvertrag aussehen?

Der Inhalt eines Arbeitsvertrags ist frei aushandelbar und kann, unter Beachtung der nachfolgend dargestellten Gesetze, frei formuliert werden. Es gibt einige Punkte, die Sie unbedingt in einen Arbeitsvertrag mit Ihrem Mitarbeiter aufnehmen sollten.

In einen Arbeitsvertrag gehören:

- der zukünftige Tätigkeitsbereich,
- der Beginn der Beschäftigung und die vereinbarte Probezeit,

- die Lohn-/Gehaltsvereinbarung,
- die Arbeitszeiten,
- Urlaubsansprüche,
- Kündigungsfristen,
- sonstige Vereinbarungen wie z. B. Verschwiegenheitspflichten und Vereinbarungen über Nebenbeschäftigung.

Schließen Sie Arbeitsverträge grundsätzlich schriftlich ab. So haben Sie im Streitfall eine bessere Beweismöglichkeit über die abgeschlossenen Vereinbarungen. Am besten bedienen Sie sich eines Vordrucks, den Sie ggf. käuflich erwerben können.

Welche Pflichten haben Sie als Arbeitgeber?

- Mitarbeiter müssen bei der Krankenkasse und bei der Berufsgenossenschaft gemeldet werden.
- Beiträge zur Sozialversicherung und Berufsgenossenschaft sind abzuführen.
- Die Lohnsteuer ist ans Finanzamt zu überweisen.
- Gesetzliche Regelungen sind einzuhalten, insbesondere
    - das Arbeitszeitgesetz,
    - die Arbeitsstättenverordnung,
    - das Bundesurlaubsgesetz,
    - das Betriebsverfassungsgesetz,
    - das Kündigungsschutzgesetz,
    - das Entgeltfortzahlungsgesetz,
    - das Schwerbehindertengesetz.

Worauf es bei der Wahl der Lieferanten ankommt

Die Beziehungen zu Lieferanten bestehen oft über einen längeren Zeitraum, da ein Lieferantenwechsel Zeit und Geld kostet (Angebote einholen, vergleichen usw.). Darum ist es wichtig, von Beginn an, einen für Sie günstigen Lieferanten zu ermitteln.

Wo finden Sie geeignete Zulieferer?

Möglichkeiten, Zulieferer zu finden, haben Sie:

- auf Fachmessen,
- durch Werbung in Fachzeitschriften,
- durch Hinweise und Kontakte von Branchenkollegen,
- durch das Sichten von Branchenbüchern,
- durch die Industrie- und Handelskammer oder die Handwerkskammer,
- durch Fachverbände.

Wie wählen Sie Ihre Zulieferer aus?

Setzen Sie sich frühzeitig mit mehreren potentiellen Zulieferern in Verbindung. Schildern Sie Ihre Wünsche, holen Sie Angebote ein, vergleichen und verhandeln Sie, und wählen Sie dann den günstigsten aus.

Bei der Auswahl sind zu beachten:

- die Angebotspreise,
- die Zahlungs- und Lieferbedingungen,

- die Qualität der Waren,
- der Ruf des Zulieferers,
- die Lieferdauer.

Kommen mehrere Anbieter in die engere Wahl, so nutzen Sie die Entscheidungsmatrix von Seite 38 zur Standortwahl. Unter den Einflußgrößen tragen Sie die oben genannten Kriterien ein und statt der Namen der Standorte die Namen der Lieferanten. Durch diese Gewichtung und Bewertung erhalten Sie den für Sie richtigen Lieferanten.

Umfangreiche Lieferverträge sollten Sie einem Rechtsanwalt zur Durchsicht übergeben. Dies gilt besonders dann, wenn sich Ihr Lieferant im Ausland befindet.

Wie Sie Ihr Unternehmen bekannt machen

Es wird immer schwieriger, sich von den Mitanbietern abzuheben. Deshalb ist es besonders für den Existenzgründer wichtig, durch ein geschicktes Marketing die Aufmerksamkeit des Käufers auf seine Produkte und sein Unternehmen zu lenken. Sie können dazu die folgenden Mittel nutzen:

- den Preis,
- die Produkte,
- den Vertrieb,
- den Service,

- das Erscheinungsbild Ihres Unternehmens in der Öffentlichkeit,
- die Werbung.

Nähere Informationen, wie Sie effizientes Marketing in Ihrem Unternehmen einsetzen können, finden Sie im TaschenGuide *Marketing.*

Vorsicht bei der Preispolitik

Vor allem in wirtschaftlich schwierigen Zeiten kann ein günstiger Preis ein Wettbewerbsvorteil sein. Häufig werden aber auch Ihre Mitbewerber an der Preisschraube drehen und die Wirkung ist bald dahin. Lassen Sie sich nicht auf einen Preiskampf ein. Versuchen Sie lieber, den zusätzlichen Nutzen Ihrer Produkte in den Vordergrund zu stellen. Sie sollten auch bedenken, daß viele Produkte gerade deshalb gekauft werden, weil sie teuer sind.

Die Produkte kunden- und marktgerecht gestalten

Die Lebensdauer heutiger Produkte wird immer kürzer und die Nachfrage nach bestimmten Dienstleistungen wechselt öfter. Auch werden Ihre Mitbewerber Ihnen das Leben mit neuen Produkten nicht erleichtern. Darum sollten Sie sich bereits in der Gründungsphase schon einmal Gedanken über Ihr zukünftiges Angebot und dessen Erweiterung machen.

> *Beachten Sie immer wieder die Wünsche Ihrer Kunden. Versuchen Sie, mit Ihren Angeboten Marktnischen abzudecken.*

Die optimalen Vertriebswege finden

Speziell produzierende Betriebe können sich durch einen kundenfreundlichen Vertrieb Wettbewerbsvorteile sichern.

Mit gutem Service Kunden gewinnen und binden

Gerade wenn Produkte und Dienstleistungen austauschbar sind, ist ein guter Service und das Angebot von Zusatzleistungen unabdingbar. Nur so schaffen Sie es, sich auf dem Markt zu behaupten und Kunden langfristig an Ihr Unternehmen zu binden. Insbesondere bei komplexen, hochwertigen Produkten und bei Reklamationen fordert der Kunde eine intensive Betreuung. Beachten Sie bitte auch, daß Sie Ihre Serviceleistung im Laufe der Zeit den Anforderungen der Kunden immer wieder anpassen sollten. Bemühen Sie sich immer, die Serviceerwartungen der Kunden zu übertreffen.

Schaffen Sie sich ein positives Image

Das Erscheinungsbild Ihrer Firma trägt viel dazu bei, wie Ihr Unternehmen von der Öffentlichkeit gesehen wird und welchen Ruf Sie unter Ihren Kunden genießen. Ein einheitliches Erscheinungsbild fördert zugleich die Erinnerung an Ihr Unternehmen und Ihre Produkte und ist die preiswerteste Form des Marketings.

Gestalten Sie ein einprägsames Firmenlogo, das Sie dann für Ihre Briefbögen, Rechnungen, Fahrzeugbeschriftung, Schaufenstergestaltung und alle Werbemaßnahmen verwenden.

Durch Werbung Interesse wecken

Werbung kostet Geld. Da Sie aber von den Kunden leben, müssen Sie deren Wünsche und Bedürfnisse für Ihre Produkte bzw. Dienstleistungen durch Werbung wecken. Erfolgreiche Werbung muß nicht teuer sein. Analysieren Sie die Werbung Ihrer Mitbewerber. Wie kommt diese beim Kunden an, was können Sie verbessern?

Bevor Sie mit der Werbeaktion beginnen können, müssen Sie sich noch über einige Fragen Gedanken machen.

- Wen soll Ihre Werbung ansprechen?
- Was soll die Werbung erreichen?
- Wie können Sie Ihre potentiellen Kunden ansprechen?
- Wieviel finanzielle Mittel können Sie für die Werbung aufbringen?
- Wann und wie oft wollen Sie werben?

Stellen Sie einen Werbeplan auf, in dem Sie festhalten, zu welchem Zeitpunkt Sie werben, mit welchen Werbemitteln und zu welchem Preis. So haben Sie jederzeit einen Überblick über Ihre Werbeaktivitäten und Werbekosten.

Wollen Sie Ihre Kundschaft direkt ansprechen, empfehlen sich die folgenden Möglichkeiten:

- Die Kunden mit Hilfe eines Werbebriefs auf Ihre Produkte oder Dienstleistungen hinweisen.
- Prospekte und Wurfzettel an die Kunden verteilen.
- Werbegeschenke machen.

Zum Erreichen einer anonymen Käuferschicht können Sie folgende Werbemittel einsetzen:

- Anzeigen in Tageszeitungen oder Fachzeitschriften
- Plakatwerbung
- Werbung auf Firmenfahrzeugen
- Werbung auf öffentlichen Verkehrsmitteln
- Kino- oder Radiowerbung

Welches Werbemittel Sie verwenden, ist abhängig von Ihren Produkten oder Dienstleistungen, von Ihrem Werbeetat und Ihren Kunden. Achten Sie darauf, daß Ihre Werbung zu Ihrem Produkt paßt. Werden zum Beispiel hochwertige Produkte durch Handzettel beworben, führt dies beim Kunden häufig zu einer negativen Einstellung über die Produktqualität. Eine falsche Werbung kann so genau das Gegenteil ihres Zwecks erreichen.

Nutzen Sie deshalb auch die Erfahrungen von Werbefachleuten, und investieren Sie besonders in der Startphase Ihrer Existenzgründung in Werbemaßnahmen, um bekannt zu werden.

Denken Sie jedoch auch daran, daß nicht jede Werbung erlaubt ist. Einschränkungen ergeben sich z. B. durch das Gesetz gegen unlauteren Wettbewerb. Einige Freiberufler unterliegen einem begrenzten Werbeverbot.

Durch den ständigen Wandel der Märkte und der Kundenwünsche wird das Marketing Sie ständig beschäftigen und Ihr unternehmerisches Handeln beeinflussen. Um unnütze Werbeausgaben und Fehler zu vermeiden, sollten Sie versuchen, den Erfolg Ihrer Marketingaktionen zu kontrollieren.

Das Geschäft führen

Was Sie fürs Finanzamt tun müssen

Nur wenigen macht es Spaß, mit dem Finanzamt zu kommunizieren. Wahrscheinlich gehören auch Sie nicht zu diesen wenigen Menschen. Aber gerade deshalb sei eine kurze Vorbemerkung gestattet.

Über das Finanzamt lassen wir dem Staat jenes Geld zukommen, welches dieser benötigt, um uns ein „kuscheliges Nest" zu bauen. Dazu gehört auch, daß der Staat Ihnen als Existenzgründer verschiedene Hilfen an die Hand gibt, die letztlich aus Steuergeldern bezahlt werden. Dies können staatlich finanzierte Beratungen genauso sein wie Kredite zu geförderten Zinssätzen oder steuerliche Erleichterungen.

Dem steht dann freilich gegenüber, daß wir auch unseren „Obolus" entrichten müssen, wenn die Geschäfte gut laufen. Ob Sie Ihre steuerlichen Pflichten selbständig erfüllen, oder ob Sie diese einem Steuerberater übertragen, müssen Sie selbst entscheiden. Doch sollten Sie, um alle steuerlichen Möglichkeiten auszuschöpfen, auf professionelle Unterstützung nicht verzichten.

Die ersten Kontakte mit dem Finanzamt

Ihre steuerliche Anmeldung haben Sie bereits vor der Betriebseröffnung beim Finanzamt abgegeben. Daraufhin erhielten Sie eine Steuernummer, unter der Ihr Unternehmen von nun an geführt wird. Diese Steuernummer gilt für alle Steuerarten einschließlich der Umsatzsteuer (Mehrwertsteuer).

Sofern Sie in der steuerlichen Anmeldung einen Schätzgewinn angegeben haben, erhalten Sie für die gewinnabhängigen Steuern einen Steuerbescheid, dem die Vorauszahlungsbeträge und -termine zu entnehmen sind.

Viele Aufwendungen fallen bereits vor der Betriebseröffnung an. All diese Vorlaufkosten können den späteren Gewinn mindern. Notieren Sie alle Kosten genau und heben Sie auch alle dazugehörenden Belege geordnet auf.

Hat sich die Gründung des Unternehmens über einen Jahreswechsel erstreckt, so können Ihre Kosten als Betriebsausgaben bereits im abgelaufenen Jahr Ihre sonstigen Einkünfte mindern. Ebenso erhalten Sie die bereits gezahlten Vorsteuern vom Finanzamt erstattet. Beides kann eine interessante Liquiditätshilfe sein.

Wer Sie bei der Buchführung entlasten kann

Sie haben die Betriebseröffnung erfolgreich vollendet. Spätestens jetzt müssen Sie sich der Einrichtung einer kaufmännischen (doppelten) Buchführung widmen, wenn Sie entweder im Handelsregister eingetragen sind oder einen

Gewinn von mehr als 48 000 DM oder einen Umsatz von mehr als 500 000 DM haben.

Als Freiberufler (z. B. Arzt, Dolmetscher, Ingenieur, Journalist, Krankengymnast oder Rechtsanwalt) sind Sie grundsätzlich nicht buchführungspflichtig, müssen jedoch die Einnahmen und Ausgaben laufend aufzeichnen, um den Gewinn mit einer Einnahmen-Überschuß-Rechnung zu ermitteln. Hierfür gibt es gute und leicht zu bedienende PC-Programme (z. B. Lexware buchhalter).

Nur wenn Sie in Buchführung und Rechnungswesen geschult sind, sollten Sie diese Arbeit selbst erledigen. Andere Aufgaben in Ihrem jungen Unternehmen erfordern ohnehin Ihren gesamten Einsatz. Sie können die Buchführung folgenden Personen übertragen:

- Steuerberater
  Der Steuerberater wird Ihre Buchführung einrichten, die laufenden Buchungen und steuerlichen Anmeldungen erledigen, eine fallweise Beratung übernehmen, die Bilanz erstellen und die Steuererklärungen fertigen.
- Selbständiger Buchführungshelfer
  Der selbständige Buchführungshelfer ist gesetzlich in seinen Aufgaben eingeschränkt, insbesondere darf er den Unternehmer nicht vor dem Finanzamt vertreten; dafür sind die Honorarsätze niedriger.
- Angestellter Buchhalter
  Der bei Ihnen angestellte Buchhalter darf Sie genauso wie ein Steuerberater unterstützen. Hier ist aber zu prü-

fen, ob Sie eine Voll- oder Halbtagskraft in Ihrem Unternehmen auslasten können.

Die Steuerberater und Buchführungshelfer finden Sie im Branchentelefonbuch. Sie sollten Ihre Wahl von den folgenden Kriterien abhängig machen:

- Der Berater sollte sich in Ihrer Branche gut auskennen, um Sie optimal unterstützen zu können. Steuerliche Besonderheiten werden so oft besser erkannt.
- Der Berater sollte in Ihrem Kollegenkreis bereits erfolgreich gearbeitet haben.
- Für kurze Rückfragen sollte der Berater zur Verfügung stehen, ohne sofort eine Honorarrechnung zu schicken.
- Überzeugen Sie sich, daß Sie nicht nur eine Nummer in einer „Buchhaltungsfabrik“ sind, sondern daß Sie einen konkreten Ansprechpartner haben und individuell betreut werden.

Häufig wird von Existenzgründern der Fehler begangen, die Einrichtung der Buchführung hinauszuzögern. Doch bedenken Sie, daß eine spätere Nachholung zusätzlichen Aufwand verursacht und daß die Auswertung der Buchführung nicht nur für das Finanzamt, sondern auch für die finanzielle Unternehmensführung unerläßlich ist. So haben Sie nur mit einer guten, laufenden Buchführung einen steten Überblick über Ihre Finanzlage, können säumige Kunden rechtzeitig mahnen und zinsgünstige Gelddispositionen treffen.

Die notwendigen Grundkenntnisse zu diesem Thema können Sie im TaschenGuide *Buchführung* nachlesen.

Die Steuerarten

Als Unternehmer sind Sie mit mehreren Steuerarten konfrontiert. Die wichtigsten sind:

- Umsatzsteuer (Mehrwertsteuer)
- Einkommensteuer/Körperschaftsteuer
- Gewerbesteuer
- Lohnsteuer

Umsatzsteuer

Die Umsatzsteuer (auch als Mehrwertsteuer bezeichnet) wird auf alle von Ihnen gelieferten Waren und erbrachten Dienstleistungen erhoben. Der Umsatzsteuersatz beträgt derzeit 16 %, einige Waren (z. B. Lebensmittel, Bücher, Antiquitäten) werden mit einem ermäßigten Satz von 7 % besteuert. Nur in Ausnahmefällen sind Waren oder Dienstleistungen von der Umsatzsteuer befreit. Die berechnete Umsatzsteuer ist an das Finanzamt abzuführen.

Die Umsatzsteuer wird auf den Warenwert aufgeschlagen. Dem Endverbraucher müssen Sie den Preis immer inklusive der Umsatzsteuer nennen. Auf der Rechnung muß der Umsatzsteuersatz angegeben sein, darauf hat der Kunde Anspruch. Bei Rechnungen über 200 DM muß der Umsatzsteuerbetrag gesondert ausgewiesen sein.

Wenn Sie Waren einkaufen, bezahlen Sie ebenfalls eine Umsatzsteuer. Diese Umsatzsteuer ziehen Sie sich als Vorsteuer ab.

Beispiel

Sie kaufen Waren für netto 2 000 DM. Der Lieferant berechnet:

	2 000 DM	Waren
+	320 DM	16% MWSt
	2 320 DM	zu zahlender Betrag

Diese Waren werden danach an den Endkunden für 2 900 DM weiterverkauft:

	2 500 DM	Waren
+	400 DM	16% MWSt
	2 900 DM	vom Kunden bezahlt

An das Finanzamt sind nun abzuführen:

	400 DM	einbehaltene Umsatzsteuer
-	320 DM	bezahlte Vorsteuer
	80 DM	Zahllast

Diese Abführung der Umsatzsteuerzahllast an das Finanzamt erfolgt in der Regel monatlich, nur bei sehr kleinen Umsätzen kann die Voranmeldung auch vierteljährlich oder gar jährlich abgegeben werden. Bis zum zehnten Tag des Folgemonats muß eine selbst berechnete Umsatzsteuervoranmeldung auf einem amtlichen Vordruck an das Finanzamt gesandt werden, gleichzeitig ist die ermittelte Zahllast zu überweisen.

Eine Erleichterung ist die Dauerfristverlängerung, die beim Finanzamt auf einem Vordruck zu beantragen ist. Gewährt das Finanzamt diese Verlängerung, so muß die Voranmeldung und Zahlung erst einen Monat später erfolgen. Für den Monat März beispielsweise dann bis zum 10. Mai.

Die abzuführende Umsatzsteuer wird vom Unternehmer aus seinen Umsätzen einbehalten. Das Geld ist also vorhanden. Deshalb gewährt das Finanzamt bei der Umsatzsteuer grundsätzlich keinen Zahlungsaufschub.

Einkommensteuer/Körperschaftsteuer

Auf den Gewinn ist Einkommensteuer (beim Einzelkaufmann und der Personengesellschaft) oder Körperschaftsteuer (bei der GmbH bzw. AG) zu entrichten. Der Einkommensteuersatz steigt mit zunehmendem Einkommen progressiv an, der Spitzensatz kann z. Z. bis zu 53 % betragen. Die Körperschaftsteuer wird gleichmäßig mit 45 % auf einbehaltene Gewinne und 30 % auf ausgeschüttete Gewinne berechnet.

Beim Einzelkaufmann oder Teilhaber an einer Personengesellschaft wird der Gewinn aus dem Unternehmen mit anderen Einkünften (z. B. aus Zinseinnahmen) zusammengerechnet und erst dann versteuert. Sofern in der Anlaufphase des Unternehmens Verluste entstehen, können diese deshalb mit anderen positiven Einkünften verrechnet werden.

Beispiel

Der Unternehmer A erzielt im Gründungsjahr einen Verlust von 30 000 DM, gleichzeitig hat er steuerpflichtige Zins- und Mieteinnahmen von 45 000 DM. Zu versteuern ist dann nur die Differenz von 15 000 DM.

Bei der GmbH oder AG werden die Gewinne ganz oder teilweise an die Anteilseigner ausgeschüttet. Dies gilt auch im Fall der sogenannten Einmann-GmbH. Beim Anteilseigner wird der Gewinn dann wieder mit anderen Einkünften zusammengeführt. Die bereits gezahlte Körperschaftsteuer wird in voller Höhe auf die Einkommensteuer angerechnet. Da man Verluste in einer GmbH nicht ausschütten kann, müssen diese dort bis zur Verrechnung mit Gewinnen in späteren Jahren verbleiben.

■ *(Anlauf-)Verluste in einer GmbH können nicht mit anderen positiven Einkünften beim Anteilseigner verrechnet werden. Insoweit stellt sich die GmbH zwar schlechter als ein Einzelkaufmann oder eine Personengesellschaft dar, jedoch wird dieser Nachteil oft gegenüber anderen Vorteilen geringer zu gewichten sein.* ■

Gewerbesteuer

Sofern Sie kein freiberufliches Unternehmen gegründet haben, fällt neben der Einkommensteuer oder Körperschaftsteuer auch noch die Gewerbesteuer auf den Gewerbeertrag an. Der Gewerbeertrag ist der geringfügig veränderte Gewinn. Er wird nach den Vorschriften des Einkommensteuergesetzes ermittelt. Zum Ausgleich für die zusätzliche Belastung können Sie die gezahlte Gewerbesteuer als Betriebsausgabe absetzen. Trotzdem entsteht durch die Gewerbesteuer eine etwas höhere Belastung.

■ *Einzelkaufleute und Personengesellschaften haben bei der Gewerbesteuer für die ersten 144 000 DM des Gewerbeertrags eine niedrigere Besteuerung im Vergleich zu einer GmbH oder AG. Bei kleineren Unternehmen ist deshalb die GmbH oder AG ungünstiger.* ■

Lohnsteuer

Als Unternehmer zahlt man selbst keine Lohnsteuer, sondern Einkommensteuer. Für angestellte Arbeitnehmer muß der Arbeitgeber jedoch die folgenden Aufgaben übernehmen:

- Berechnen der abzuführenden Lohnsteuer,
- Einbehalten der Lohnsteuer vom Bruttogehalt einschließlich sogenannter geldwerter Vorteile (unentgeltliche Überlassung von Waren oder Dienstleistungen, u. a. auch bei Betriebsveranstaltungen),
- Aufbewahrung der Lohnsteuerkarte des Arbeitnehmers,
- Führen eines Lohnkontos für jeden Arbeitnehmer,
- Anmeldung und Abführung der Lohnsteuer,
- Ausstellen einer Lohnsteuerbescheinigung (in der Regel auf der Lohnsteuerkarte).

In bestimmten Fällen (z. B. Lohnsteuerpauschalierung bei Teilzeitbeschäftigten) können noch weitere Aufgaben hinzukommen. Sofern nur wenige Arbeitnehmer mit einem fixen Gehalt beschäftigt werden, ist der Arbeitsaufwand jedoch minimal, da sich die Werte in der Regel innerhalb eines Jahres nicht verändern.

■ *Der Arbeitgeber haftet für die pünktliche und vollständige Abführung der Lohnsteuer. Diese Aufgaben müssen deshalb sorgfältig vorgenommen werden. Es gibt Büros, die sich auf Lohnabrechnungen spezialisiert haben, aber auch gute PC-Programme, die diese Arbeit wirkungsvoll unterstützen.* ■

Wird vom Bruttolohn die Lohnsteuer abgezogen, nennt man dies Nettolohnberechnung. Bei der Nettolohnberechnung müssen vom Arbeitgeber auch die Sozialversicherungsbeiträge (Kranken-, Renten- und Arbeitslosenversicherung) ermittelt und abgeführt werden.

Steuerliche Hilfen nutzen

Der Gesetzgeber gewährt insbesondere kleineren Unternehmern und Existenzgründern steuerliche Hilfen. Speziell für Existenzgründer, die sich erstmalig (innerhalb der letzten fünf Jahre) selbständig machen, wurde eine „erweiterte Ansparabschreibung" (§7g Abs. 7 EStG) geschaffen.

Dies sind die Rahmenbedingungen:

- Im Jahr der Betriebseröffnung und in den folgenden fünf Jahren kann eine gewinnmindernde Rücklage für geplante Investitionen gebildet werden.
- Die Investition muß bis zum Ende des fünften Jahres nach Bildung der Rücklage (nicht nach Betriebseröffnung) durchgeführt werden. Dies vermindert im Jahr der Rücklagenbildung die Steuerbelastung.
- Der Höchstbetrag aller Rücklagen beträgt 600 000 DM.
- Für den Fall, daß die Investition nicht durchgeführt werden kann, muß die ursprüngliche Investitionsabsicht glaubhaft dokumentiert sein.

Beispiel

Ein Existenzgründer macht sich erstmalig im Jahr 2000 selbständig. Die Geschäfte laufen sehr gut an, so daß sich sehr schnell Gewinne ergeben. In 2001 beschließt der Existenzgründer die Anschaffung einer weiteren Maschine für 200 000 DM in 2003.

Somit kann in 2001 eine gewinnmindernde Rücklage bis zu 100 000 DM (50 % der geplanten Investition) gebildet werden. Die Investition muß tatsächlich bis zum Jahr 2006 (fünf Jahre nach Bildung der Rücklage) erfolgen. Diese Rücklage ist entweder zum Zeitpunkt der Investition oder ebenfalls bis zum Jahr 2006 aufzulösen.

■ *Wenn die Voraussetzungen für eine Ansparabschreibung nicht gegeben sind, kann unter engeren Voraussetzungen von jedem kleineren Unternehmen (bis zu einem Betriebsvermögen von 400 000 DM, bei Freiberuflern ohne Grenze) eine etwas verringerte Ansparabschreibung vorgenommen werden.* ■

Analyse der ersten Erfolge

Wenn die Tage der Betriebseröffnung schon fast vergessen sind und sich erste Routine einstellt, sollten Sie daran denken, die Entwicklung Ihres Unternehmens zu prüfen. Sie sollten ermitteln, welche Produkte die höchsten Erträge bringen, wo eventuelle Schwachstellen beseitigt werden müssen und wie sich der Erfolg weiter steigern läßt. Allerdings ist es dazu notwendig, daß Sie – schon bevor Sie sich diese Fragen stellen – die Zahlen des eigenen Unternehmens zuverlässig gesammelt haben.

Welche Daten Sie zur Betriebsanalyse benötigen

Eine aussagekräftige Analyse erhalten Sie, wenn Sie neben finanziellen Daten auch Verkaufsstatistiken und Daten zur Auftragslage mit berücksichtigen. Grundsätzlich müssen Sie keine allzu umfangreichen Datensammlungen erstellen, es reicht aus, wenn Sie regelmäßig einige wichtige Informationen sammeln. Die für eine Erfolgsanalyse benötigten Daten im finanziellen Bereich erhalten Sie u. a. aus den folgenden Quellen:

- Buchhaltung
- Lieferantenstatistiken
- eigene Aufzeichnungen

Daneben benötigen Sie einige Informationen aus dem nichtfinanziellen Bereich wie z. B.:

- Verkaufsstatistiken aufgeteilt nach Produkten/Dienstleistungen
- Verkaufsstatistiken aufgeteilt nach Regionen
- Dauer und Umfang von Aufträgen

Diese Unterlagen führen Sie entweder selbst (z. B. Verkaufsstatistiken), oder sie werden Ihnen zur Verfügung gestellt (z. B. Buchhaltung).

Nutzen Sie die Buchhaltung als Informationsquelle

Die Buchhaltung muß ohnehin erstellt werden, und sie nur für das Finanzamt zu nutzen, wäre sehr schade. Gerade aus der Buchhaltung kann der Unternehmer sehr wesentliche Informationen über die Erfolgsquellen seines Unternehmens gewinnen.

Sie sollten dazu die Buchhaltung sinnvoll nach verschiedenen Kostenarten gliedern, da dies eine leichte Auswertung ermöglicht. Entsprechendes gilt für die Aufteilung der Umsätze zumindest nach bestimmten Umsatzgruppen.

Beispiel

Ein Bäcker kann seine Umsätze wie folgt gliedern:

1 Brot
2 Brötchen und andere Kleinbackwaren
3 Kuchen
4 Torten
5 Kaffee
6 sonstige Umsätze (z. B. Kaffeemaschinen)

Werden die Kosten dazu entsprechend aufgeteilt, läßt sich problemlos der Gewinn in jeder Produktgruppe ermitteln. Die entsprechenden Einteilungen übernimmt derjenige, der für Sie die Buchhaltung erstellt. Achten Sie darauf, daß die Einteilung für Ihre Zwecke sinnvoll ist. Sichern Sie sich durch fachlichen Rat ab.

Mehr Transparenz durch Kostenstellen

Sofern Sie einen großen Betrieb gegründet haben, oder Filialen, Außenstellen oder Verkaufsbüros einrichten wollen, bietet es sich an, für jede Filiale usw. in der Buchhaltung eine Kostenstelle einzurichten. Dies bedeutet, daß die Umsätze und Kosten nicht nur nach Gruppen gegliedert werden, sondern auch nach dem Ort ihrer Entstehung (Kostenstelle). So können Sie leicht den Gewinn für jede Filiale ermitteln und ggf. auf unrentable Filialen reagieren.

Bei einer derartigen Aufteilung der Kosten nach Kostenstellen werden Sie immer einige Kosten haben, die sie keiner Filiale zuordnen können, z. B. Kosten einer gemeinsamen Werbung, Aufwand für die Steuerberatung. Für diese sogenannten Gemeinkosten wird eine zusätzliche Kostenstelle eingerichtet.

Die Ergänzung der Buchhaltung um eine kleine Kostenstellenrechnung ist ohne großen Aufwand zu leisten. Bereits einfache Buchhaltungsprogramme für den PC verfügen über entsprechende Eingabemöglichkeiten, und in der Regel erledigt dies ohnehin der Steuerberater.

Wie Sie die finanziellen Daten auswerten können

Betriebswirtschaftliche Auswertung (BWA)

Die Basisauswertung eines jeden mittelständischen Unternehmers ist die betriebswirtschaftliche Auswertung, kurz BWA. Diese Auswertung erhalten Sie von Ihrem Buchhalter oder Steuerberater jeden Monat. Ihre Aufgabe besteht darin, sich die Ergebnisse anzusehen und angemessen zu reagieren.

In vielen Fällen ist der einzelne Umsatz- oder Kostenwert eines Monats von eher geringer Aussagekraft. Deshalb ist es sinnvoll, sich die Entwicklung regelmäßig über mehrere Monate anzusehen. Um sich diese Arbeit zu erleichtern, sollten Sie die einzelnen Monatswerte in eine übersichtliche Tabelle übertragen. Sie erhalten so einen schnellen Überblick über die Entwicklung in den einzelnen Monaten und Quartalen. Diese Arbeit kann durch ein Tabellenkalkulationsprogramm wirkungsvoll unterstützt werden. Diese leicht zu bedienenden PC-Programme geben Ihnen nicht nur einen schnellen Überblick, sondern erlauben die einfache Erstellung von Graphiken (z. B. Umsatzkurven). Vielen Unternehmern sagen einige wenige Schaubilder mehr als eine große Sammlung von Zahlen.

■ *Die Arbeit mit dem Tabellenkalkulationsprogramm können Sie in der Regel leicht „delegieren". Vielleicht haben Sie Kinder im Schulalter, die gerne am Computer sitzen und denen es Spaß macht, für Sie die Umsatz-, Kosten- und Gewinnkurven am PC zu erstellen.* ■

Kennzahlen

In vielen Fällen läßt sich die Aussagekraft Ihrer Zahlen dadurch steigern, daß Sie sogenannte Kennzahlen bilden. Kennzahlen sind Werte, die zwei oder mehr Einzelwerte in eine bestimmte Beziehung zueinander setzen.

Beispiel

Im Personalbereich ist es interessant zu erfahren, wie hoch der Umsatz pro Mitarbeiter ist, um die Effizienz der Mitarbeiter zu beurteilen und in ihrer zeitlichen Entwicklung zu verfolgen:

$$\text{Umsatz pro Mitarbeiter} = \frac{\text{Gesamtumsatz}}{\text{Anzahl der Mitarbeiter}}$$

Für jede Produktgruppe ist die sogenannte Umsatzrendite aussagekräftig. Sie erfahren durch diese Kennzahl, wieviel Prozent Gewinn in jeder DM des Umsatzes enthalten sind:

$$\text{Umsatzrendite} = \frac{\text{Gewinn einer Produktgruppe}}{\text{Umsatz einer Produktgruppe}} \times 100$$

Anhand der Umsatzrendite kann eine ABC-Analyse der Produkte oder Produktgruppen durchgeführt werden. An die erste Stelle (A) wird das Produkt mit der höchsten Umsatzrendite gestellt, an zweiter Stelle (B) folgt das Produkt mit der nächsthöheren Rendite usw. So erkennen Sie ganz einfach Ihre gewinnstarken und gewinnschwachen Produkte.

Beschränken Sie sich bei der Kennzahlenbildung auf einige wenige Werte, die Sie dann aber regelmäßig ansehen, um möglichst frühzeitig Abweichungen zu erkennen. Nur so können Sie ausreichend schnell auf veränderte Situationen reagieren.

Was Sie den nichtfinanziellen Daten entnehmen können

Ebenso wichtig wie die finanziellen Daten sind die nichtfinanziellen Daten. Sie geben Aufschluß über die Produktqualitäten, den Servicegrad oder die Kundenzufriedenheit. Hier können Sie beispielsweise die folgenden Faktoren beobachten:

- Häufigkeit von Reklamationen durch Kunden,
- positive oder negative Äußerungen von Kunden,
- Anteil bzw. Umfang von Ausschuß oder von verdorbener Ware,
- Quote von Produkten, die von Kunden nachbestellt wurden, bzw. Anteil an Stammkunden,
- Umfang rückständiger (nicht termingerechter) Arbeiten.

Diese Daten geben Ihnen Aufschluß über die Wirtschaftlichkeit Ihres Unternehmens und die Effizienz der Leistungserstellung. Sollten sich bei diesen Daten negative Entwicklungen abzeichnen, müssen schnellstens Maßnahmen ergriffen werden, bevor der Ruf Ihres Unternehmens leidet. Gerade auch in der Aufbauphase sollten Sie bzw. Ihr Unternehmen durch eine hohe Servicebereitschaft und Produktqualität überzeugen.

Haben sich Ihre Pläne erfüllt?

Die Pläne, die Sie für Ihre Existenzgründung erstellt haben, sollten im Idealfall eingehalten werden. Dabei braucht Ihnen eine Planübererfüllung in der Regel keine Sorgen zu machen. Es zeugt vielmehr von guter unternehmerischer Leistung, wenn Ihre Umsätze höher und die Kosten niedriger sind als geplant.

Andere Planwerte dagegen sollten möglichst genau eingehalten werden. Dazu zählen beispielsweise die Finanzpläne. Werden Kredite zu schnell zurückgezahlt, könnten Finanzengpässe die Folge sein; werden Kredite zu langsam zurückgezahlt, hat dies meistens negative Folgen für zukünftige Kreditverhandlungen.

Wenn Sie Ihre Planerwartungen jedoch unterschreiten, müssen Sie so schnell wie möglich die Ursachen dafür herausfinden. Zu niedrige Umsätze oder zu hohe Kosten können zu ernsthaften Zahlungsschwierigkeiten führen. In diesen Fällen sind Gegenmaßnahmen zu ergreifen, so lange Sie die eingeplanten „Polster" noch nicht verbraucht haben, also so lange Sie noch voll handlungsfähig sind. Wie Sie in solchen Situationen effizient gegensteuern, können Sie dem folgenden Kapitel entnehmen.

Wie Sie auf Planabweichungen reagieren können

Um rechtzeitig geeignete Gegenmaßnahmen für die von Ihnen festgestellten Planabweichungen einleiten zu können, bedarf es einer eingehenden Analyse der Ursachen. Sie sollten diese Analyse auch umgehend nach Bekanntwerden der Probleme durchführen. Denn viele Maßnahmen brauchen eine gewisse Zeit, bevor sie zu den gewünschten Ergebnissen führen. Nur durch ein rechtzeitiges Handeln können Sie mögliche Schwierigkeiten vermeiden!

Suchen Sie nach den Ursachen

Die Gründe für die Abweichungen von Ihrem Plan können vielfältig sein. Es können interne Gründe sein – also Planungsfehler oder Fehleinschätzungen – oder auch externe Gründe, die Sie so nicht vorhersehen konnten.

Die internen Gründe

Gerade bei Existenzgründern führen häufig Planungsfehler und ein falsches Abschätzen des Markts zu Problemen mit der Einhaltung der geplanten Umsatz- und Kostenzahlen. Welche Ursachen können nun im einzelnen intern für das Nichterreichen Ihrer Planziele verantwortlich sein?

- eine fehlerhafte Preiskalkulation:
  Kalkulieren Sie wirklich alle Kosten mit ein. Sollte Ihr Angebotspreis dann über dem Marktüblichen liegen, so sollten Sie schnellstens Ihre Kosten überprüfen, um zu sehen, wo Sie noch Einsparungen vornehmen können.

- eine falsch eingeschätzte Marktentwicklung:
  Planen Sie Ihre Umsätze mit den sich abzeichnenden Absatzmengen und korrigieren Sie Ihren Finanzplan. So erhalten Sie rechtzeitig einen Überblick, in welchem Monat bei Ihnen Finanzierungslücken auftreten. Sprechen Sie gegebenenfalls auch mit Ihrer Hausbank, um die Finanzierung zu sichern.

Zu hohe Kosten entstehen z. B. durch:

- zu teuer eingekaufte Rohstoffe oder Vorprodukte
  Versuchen Sie günstiger einzukaufen. Verhandeln Sie über Sonder- und Mengenrabatte. Notfalls wechseln Sie den Lieferanten.

- einen überhöhten und in dieser Höhe nicht geplanten Verbrauch an Betriebs- und Verbrauchsstoffen (z. B. Strom, Wasser, Gas, Telefon usw.)
  Überprüfen Sie die einzelnen Kostenstellen und suchen Sie nach Einsparungsmöglichkeiten.

- einen zu großen Personalbestand
  Überprüfen Sie noch einmal Ihren Personalbestand. Benötigen Sie tatsächlich so viele Angestellte?

- zu hohe Reparatur- und Nachbesserungskosten
  Überprüfen und verbessern Sie regelmäßig die Qualität Ihrer Produkte und Dienstleistungen. So mindern Sie die hohen Kosten für die Gewährleistung.

Mit der Korrektur von internen Fehlern können Sie sofort beginnen, wenn Sie deren Ursachen erkannt haben.

Die externen Gründe

Es gibt auch äußere Einflüsse, die Ihnen einen Strich durch Ihre Planung machen können:

- Änderung des Kundenverhaltens,
- geringere Kaufkraft beim Kunden,
- neu entwickelte Produkte der Konkurrenz.

Zu hohe Kosten können entstehen durch:

- technischen Fortschritt,
- Änderungen in der Gesetzgebung,
- Änderungen in den kommunalen Vorhaben.

Zur Lösung dieser externen Gefahren sollten Sie zunächst versuchen, diese in kurz- und langfristige Einflüsse einzuteilen. Längerfristigen Einflüssen, wie zum Beispiel der Änderung des Kundenverhaltens, können Sie nur entgegentreten, wenn Sie sich dem neuen Kundenverhalten anpassen und Ihre Produkte bzw. Dienstleistungen umstellen. Einflüsse, bei denen absehbar ist, daß sie nur von kurzer Dauer sind, wie zum Beispiel die Umsatzflaute nach dem Weihnachtsgeschäft im Januar, sollten sich bereits in Ihrer Planung niederschlagen. Diese Einflüsse verlangen aber keine grundlegenden Änderungen in Ihrer Verkaufsstrategie.

Sie sollten auch bereits kleinen Planabweichungen oder Fehlentwicklungen nachgehen, bevor sich diese zu einem schwer zu beherrschenden Problem ausweiten. Im Frühstadium lassen sich Probleme in aller Regel noch leicht in den Griff bekommen, so daß Sie vor einer Plan-Ist-Analyse keine Scheu haben sollten.

Nützliche Adressen

Gründungsberatung

Die Adresse Ihrer örtlichen IHK oder Handwerkskammer finden Sie im Telefonbuch.

Alt hilft Jung e. V.
Bundesarbeitsgemeinschaft der Seniorexperten
Kennedyallee 62–70
53175 Bonn
Telefon 02 28/88 92 36

Arbeitsgemeinschaft Deutscher Technologie- und Gründerzentren e. V.
Rudower Chaussee 5
12489 Berlin
Telefon 0 30/63 92 62 21

Büro für Existenzgründung
Kapuzinerstraße 26
80337 München
Telefon 0 89/51 54 22 35

Fördermittel

Eine Übersicht über aktuelle Förderprogramme erhalten Sie beim

Bundesministerium für Wirtschaft
Villemombler Straße 76
53123 Bonn
Telefon 02 28/61 50
Internet: www.bmwi.de
(Förderdatenbank aufrufen)

Über die Bewilligung von Zuschüssen informiert Sie das
Bundesamt für Wirtschaft
Referat II/2
Frankfurter Straße 29–31
65760 Eschborn
Telefon 0 61 96/40 40

Deutsche Ausgleichsbank
Wielandstraße 4
53173 Bonn
Telefon 02 28/83 10
Internet: www.dta.de
Fax-Abruf der Konditionen:
02 28/8 31 33 00

IHK-Gesellschaft zur Förderung der Außenwirtschaft und der Unternehmensführung mbH
Schönholzer Straße 10–11
13187 Berlin
Telefon 0 30/48 80 62 12

Stichwortverzeichnis